Jim DuFresne

MICHIGAN

Mit Beiträgen von
Mary J. Gebhardt, Hermann Lang,
Greta Salomon und Nancy Wilsted

Michigan

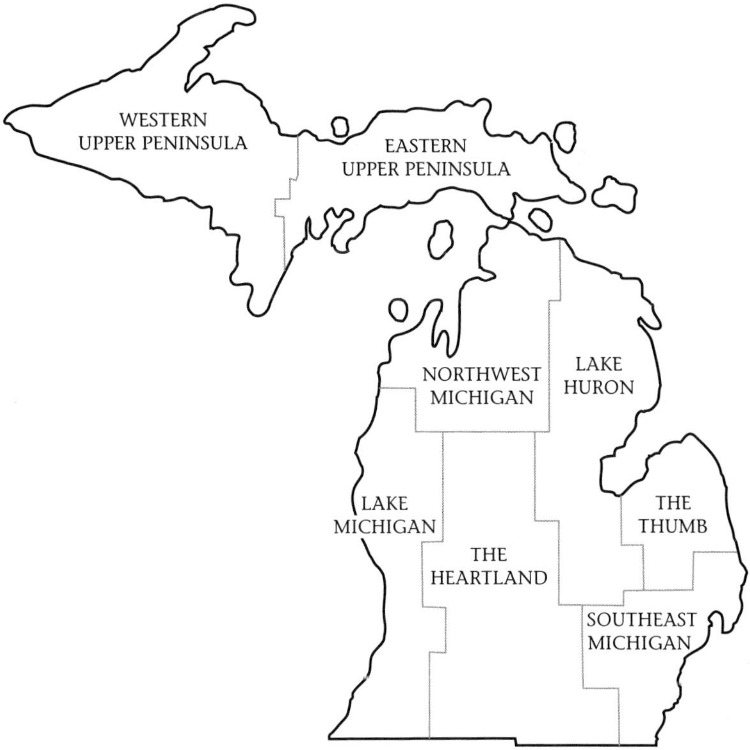
WESTERN
UPPER PENINSULA
EASTERN
UPPER PENINSULA
NORTHWEST
MICHIGAN
LAKE
HURON
LAKE
MICHIGAN
THE
HEARTLAND
THE
THUMB
SOUTHEAST
MICHIGAN

Jim DuFresne
Michigan
Fandango Verlag GmbH

1. Auflage 1996

Special thanks to:
Ivonne Brauburger of Northwest Airlines in Frankfurt, Patricia E. Gallagher of The Globe Pequot Press in Old Saybrook, Irene Ogus in San Francisco as well as Gabriele Romberg, Anke Hebeler and Pauline Lang of the Michigan Information Centre in Wiesbaden.

Umschlaggestaltung: Axel Born
Fotos: siehe Bildnachweis
Karten: The Globe Pequot Press
Druck: Fuldaer Verlagsanstalt GmbH, Fulda

ISBN: 3-928301-17-9

INHALT

VORWORT

Wenn Sie sich eine Landkarte der Vereinigten Staaten von Amerika ansehen, wird Ihnen der Bundesstaat Michigan sofort ins Auge fallen. Michigan ist beinahe vollständig von Wasser umgeben und zwar von vier der fünf Great Lakes. Mehr als 5.000 Kilometer Ufer hat Michigan aufzuweisen und Sie können überall im Sand sitzen und auf die größten Frischwasserseen der Welt hinausschauen. Michigan heißt also viel Wasser, obwohl Strände, bootfahren, sonnenbaden und schwimmen nur einen Teil der touristischen Attraktionen ausmachen.

Für abenteuerlustige Reisende, die sich auf die Landstraßen zwischen den Seen und den Wäldern im Inland begeben, gibt es noch viel mehr zu entdecken: Charmante Dörfer und gestrandete Schiffe, Kunstausstellungen, Pilzfestivals und Weinproben – genau das Richtige für gestresste Städter. Alles was Sie brauchen ist ein wenig Zeit, eine gute Landkarte und dieses Buch. Die Karte erhalten Sie beim Michigan Information Centre (Sophienstraße 4, 65189 Wiesbaden, Tel. 0611/37 62 06). Dieses Buch erzählt von den versteckten Schätzen des Bundesstaates Michigan: vom Leuchtturm, der zu einem Bed & Breakfast umgebaut wurde bis zu Partybooten, auf denen sich auch Anfänger im Angeln leckerer Fische erproben können. Weil sich Adressen, Telefonnummern und Öffnungszeiten ändern können, finden Sie im Anhang eine Liste der regionalen Fremdenverkehrsämter, die Sie mit aktuellen Informationen versorgen können. Dasselbe gilt natürlich auch für Preise: Die Inflationsrate wird nicht nur auf Zimmerpreise, sondern auch auf Eintrittspreise für Parks und Museen aufgeschlagen. Deswegen habe ich auf Angaben in diesem Buch weitgehend verzichtet. Dafür finden Sie jedoch meistens eine Telefonnummer. Rufen Sie also einfach an, wenn Sie die Preise wissen möchten oder Reservierungen machen möchten.

Was Sie für Ihren Urlaub vor allem benötigen ist Zeit. Versuchen Sie nicht, Michigan an einem Wochenende zu erkunden, das wird Sie nur enttäuschen. Eigentlich könnten Sie einen ganzen Sommer lang auf Entdeckungsreise gehen, immer die Küste entlang, und Sie würden immer neue Dinge entdecken. Ich habe mein ganzes Leben in Michigan verbracht und verrate Ihnen die schönsten Orte die es zu sehen und die interessantesten Dinge, die es zu entdecken lohnt.

Jim DuFresne

ANREISE

Wenn Sie sich nicht länger als drei Monate in den USA aufhalten wollen, brauchen Sie lediglich einen Reisepaß für die Einreise. Seit die Visumpflicht für Deutsche, Österreicher und Schweizer abgeschafft wurde, entfällt dieser bürokratische Aufwand. Schwierigkeiten könnte es allerdings bei der Einreise geben, wenn Sie lediglich ein One-Way-Ticket vorweisen. Dann werden Sie nach einer Adresse in den USA gefragt. Geben Sie dann die Anschrift eines Hotels oder, wenn vorhanden, von Freunden oder Bekannten an. Achten Sie darauf, daß der Reisepaß mindestens bis zum Datum der Rückreise gültig ist.

Die Flugzeit nach Detroit beträgt von Frankfurt aus 9 Stunden und dreißig Minuten. Wenn Sie keinen Direktflug buchen, wird die Reise natürlich länger. Fragen Sie in Ihrem Reisebüro nach, ob Sie in einer anderen amerikanischen Großstadt einen kostenlosen Stopover einlegen können. New York, Atlanta, Boston und Chicago bieten sich als Zwischenstationen an. (Siehe auch "Anreise mit dem Flugzeug")

Es ist nicht erlaubt, Lebensmittel mitzubringen, weil die Gesundheitsbehörden das Einschleppen von Bakterien befürchten. Teilweise werden am Flughafen sogar Hunde auf die Fährten unbedarfter Touristen gehetzt, die das Corpus delicti erschnüffeln sollen.

ZOLLBESTIMMUNGEN

Alle in die USA eingeführten Waren müssen beim Zoll deklariert werden. Dazu zählen auch Geschenke für Freunde und Verwandte. Sie können soviel Geld mitbringen, wie Sie möchten, angeben müssen Sie lediglich Beträge über 10.000 Dollar. Eine Gallone Alkohol (3,8 Liter), 200 Zigaretten und 100 Zigarren für den Eigenbedarf sowie zusätzlich 100 Zigaretten als Geschenk dürfen steuerfrei eingeführt werden.

Bei der Heimreise können Sie auf deutschen Flughäfen damit rechnen, von gründlichen Zollbeamten nach Ihren US-Importen befragt zu werden. In den meisten Koffern befinden sich Souvenirs, ob es sich nun um T-Shirts, aufblasbare Micky Mäuse oder Bildbände handelt — daß aber alle diese Dinge mit zehn Prozent des Kaufpreises verzollt werden müssen, wissen die Wenigsten. Vorsicht also bei der Einfuhr preiswerter Elektroartikel, CDs, Turnschuhe, Golf- und Tennisschläger oder Computerzubehör.

U.S. CUSTOMS SERVICE

477 Michigan Avenue, Detroit, Michigan, Tel. 313/226-3166.

US-VERTRETUNGEN

53179 BONN
Botschaft der Vereinigten Staaten von Amerika, Deichmanns Aue 29, Tel. (0228) 33 91.

20354 HAMBURG
Amerikanisches Generalkonsulat, Alsterufer 27-28, Tel. (040) 41 17 10.

14169 BERLIN
U.S. Mission, Clayallee 170, Tel. (030) 8 32 40 87.

80539 MÜNCHEN
Amerikanisches Generalkonsulat, Königinstraße 5, Tel. (089) 2 88 81.

70182 STUTTGART
Amerikanisches Generalkonsulat, Urbanstr. 7, Tel. (0711) 2 14 50.

60323 FRANKFURT/M.
Amerikanisches Generalkonsulat, Siesmayerstraße 21, Tel. (069) 7 53 05.

1010 WIEN
Amerikanische Botschaft, Gartenbaupromenade 2, Tel. (0222) 5 14 51.

4005 BERN
Amerikanische Botschaft, Jubiläumsstr. 93, Tel. (031) 43 70 11.

8008 ZÜRICH
Amerikanisches Generalkonsulat, Zollikerstraße 141, Tel. (01) 55 25 66.

INFORMATIONEN

Auf Anfrage per Telefon oder Fax verschicken die Fremdenverkehrsämter in Deutschland und den USA Broschüren über Einkaufen, Nachtleben, Sightseeing, Essen und Trinken.

MICHIGAN INFORMATION CENTRE
Sophienstraße 4, 65189 Wiesbaden, Tel. 0611/37 62 06, Fax 0611/ 300 766.
Wenn Sie gut vorbereitet nach Michigan fahren möchten: Das Michigan Information Centre hält eine Auswahl von Informationsmaterial bereit. Fragen Sie rechtzeitig nach, denn es werden eine Fülle von Anfragen bearbeitet.

MICHIGAN STATE CHAMBER OF COMMERCE
600 South Walnut Avenue, Lansing, MI 48933, Tel. 517/371-2100, FAX 517/371-7224.

ANREISE MIT DEM FLUGZEUG

Wer in den USA viel herumkommen möchte, besorgt sich im Reisebüro von einer der großen Airlines ein sogenanntes Visit USA Rundreiseticket, mit dem man sich die Reise individuell zusammenstellen kann. Dieses Rundreiseticket wird zu Discount-Preisen abgegeben, d.h. Sie zahlen weniger, als wenn Sie jeden Flug einzeln zahlen müßten. Der Paß beinhaltet drei, höchstens jedoch acht Flugcoupons und muß spätestens 120 Tage nach Ankunft in den USA abgeflogen sein.

Nach der Kooperation der beiden Airlines sind die Tickets grundsätzlich preisgleich. Northwest Airlines fliegt täglich nonstop von Frankfurt nach Detroit. Zusammen mit dem Partner KLM bietet Northwest Airlines Flüge aus mehreren deutschen Städten (Berlin, Bremen, Dresden, Düsseldorf, Hannover, Hamburg, Leipzig, München, Nürnberg und Stuttgart) über Amsterdam nach Detroit. Auf dem Hin- und Rückflug ist je ein kostenloser Stopover erlaubt. Die Flugzeit nach Detroit beträgt von Frankfurt aus 9 Stunden und 30 Minuten. Vielflieger sollten bei **World Perks** (dem Vielfliegerprogramm von Northwest Airlines) mitmachen, bei dem auch die geflogenen Meilen für das Vielflieger-Programm von KLM gelten.

LUFTHANSA/ UNITED AIRLINES

Ab fast allen deutschen Flughäfen über Frankfurt und Chicago nach Detroit. Die Flüge können Sie direkt bei Lufthansa oder in Ihrem Reisebüro buchen.

AMERICAN AIRLINES

Die Airline fliegt ab Frankfurt mit Zwischenstop in Chicago nach Detroit.

DELTA AIRLINES

In Verbindung mit Sabena über Brüssel mit Zwischenstop in New York oder Cincinnatti nach Detroit.

US AIR

Ab Frankfurt über Philadelphia nach Detroit.

FLUGHAFEN DETROIT

DETROIT METROPOLITAN AIRPORT

Interstate 94/Merriman Road, Romulus, Tel. 313/942-3550

REISEVERANSTALTER MIT MICHIGAN-PROGRAMM

CANUSA TOURISTIK
Uhlenhorster Weg 21, 22085 Hamburg, Tel. 040/225 868.

KREUTZER-AMERIKA FLUGDIENST
Herzog-Heinrich-Straße 10, 80336 München, Tel. 089/544 840.

ADAC-REISE GMBH
Am Westpark 8, 81373 München, Tel. 089/7676-0.

WOLTERS REISEN GMBH
Bremer Straße 48, 28816 Stuhr/Bremen, Tel. 0421-89990.

Schweiz:

IMHOLZ REISEN AG
Birmensdorferstr. 108, CH-Zürich, Tel. 01-455 4444.

HOTELPLAN
Habsburgstr. 9, CH-Zürich, Tel. 01-277 8111.

TRAVAC AG
Seilergraben 61, CH-Zürich, Tel. 01-252 2288.

CA FERNREISEN AG
Kriesbachstr. 4, CH-Dübendorf, Tel. 01-822 2250.

ANREISE MIT DEM ZUG

Wer Zeit zum Reisen mitgebracht hat, etwas dafür übrig hat, die Landschaft am Zugfenster vorbeirauschen zu sehen und relaxt die Beine hochlegen möchte, sollte in den USA unbedingt einmal mit dem Zug fahren. Sollte Ihr Besuch in Detroit ein Abstecher aus anderen Teilen der Vereinigten Staaten sein, ist die Anreise per Zug sicherlich nicht die schnellste Möglichkeit. Aber Service und Zuverlässigkeit werden bei **Amtrak** großgeschrieben, schließlich soll die Zugfahrt eine echte Alternative zum Flug oder dem Auto sein. Täglich verläßt ein Zug New York, um über Chicago und Denver an die Westküste zu gelangen. Die Fahrt dauert dreieinhalb Tage. Die Strecke von New York nach Chicago beispielsweise wird in 17 Stunden zurückgelegt.

Der "Lake Shore Limited" fährt täglich von Chicago über Detroit, Toledo, Cleveland und Boston nach New York. Der "Capitol Limited" startet in Chicago und hält in Detroit, Toledo, Cleveland, Pittsburg und Washington D.C., von wo aus es Anschlüsse nach Miami und New York gibt. Ebenfalls von Chicago aus fährt ein weiterer Zug täglich über Battle Creek, Port Huron und Detroit nach Pontiac/Toronto.

AMTRAK STATION
45 West Milwaukee Street, Detroit, MI 48202. Ticketverkauf 6 bis 23.30 Uhr.

AMTRAK-DEARBORN
16121 Michigan Avenue, Dearborn, Tel. 313/336-5407.

ANREISE MIT DEM GREYHOUND

Die preisgünstigen Reisen mit dem schnellen Hund aus Blech sind etwas für Leute mit Abenteuersinn, Neugier auf andere Menschen und gutem Sitzfleisch. Von Detroit aus gibt es Verbindungen nach Chicago, Grand Rapids, Toronto, Port Huron und Milwaukee.

GREYHOUND BUS TERMINAL
1001 Howard Street, Detroit, MI 48226, Tel. 313/961-8011. Ticketverkauf 6 bis 24 Uhr.

ANREISE MIT DEM AUTO

Michigan ist von Chicago aus über die Interstate 94 und vom angrenzenden Bundesstaat Ohio über die Interstate 75 zu erreichen. Wer aus anderen Gegenden der USA mit dem Auto anreist, kann aber auch auf einer der vielen Landstraßen nach Michigan gelangen. Zum Beispiel von Wisconsin (Milwaukee) und Minnesota (Minneapolis) aus.

Michigan entdecken Sie am besten mit dem Leihwagen. Von einem der Flughäfen Detroit, Chicago, Minneapolis oder Toronto gelangt man schnell auf die breiten, offenen Straßen, von wo aus man jedes Ziel ganz einfach erreicht. Die Straßen außerhalb der Ballungsgebiete sind breit, gerade, übersichtlich, gut ausgeschildert und ausgesprochen verkehrsarm. Ausgeschilderte Rundfahrten um jeden der Großen Seen führen Sie zu den schönsten Sehenswürdigkeiten. Die grünweißen Schilder, die alle 16 Kilometer postiert sind, machen Ausflüge einfach.

LEIHWAGEN

Denken Sie daran, den Leihwagen bereits zu Hause zu buchen, das ist viel preiswerter. Buchungen nimmt jedes gute Reisebüro entgegen. Die größten Firmen sind Avis, Alamo, Hertz, Budget und Dollar. Wer auf eine Vollkasko-Versicherung Wert legt, die neben den Fremdschäden auch den Schaden am gemieteten Fahrzeug abdeckt, sollte sich erkundigen, ob diese im Preis enthalten ist. Sparen Sie nicht am falschen Ende, und schließen Sie eine derartige Versicherung ab. Als ich einmal meinen Wagen wieder abgab, bemerkten die Angestellten einen nicht geringfügigen Blechschaden am Dach meines Autos. Wo der Unfall passiert war, konnte ich nicht sagen. Egal, ohne Zusatzversicherung wäre ich eine Menge Geld losgeworden.

Wenn Sie das bestellte Fahrzeug an der Verleihstation abholen, benötigen Sie einen nationalen Führerschein und eine Kreditkarte (Eurocard/Mastercard, American Express, Visa), von der zusätzliche Kosten wie Steuern, Benzinkosten für die erste Tankfüllung und etwaige drop-off-Kosten (Abholen und Zurückbringen des Autos in einem anderem Staat/in einer anderen Stadt) abgebucht werden. Die meisten Firmen vermieten nur an Personen, die mindestens 25 Jahre alt sind.

Soll das Auto erst vor Ort gebucht werden: Verleihstationen befinden sich an den Flughäfen Detroit International und Oakland. Die bekannten Firmen haben zusätzlich Filialen im Zentrum Detroits sowie in allen größeren Städten in Michigan. Eine Auflistung der Autovermietungen finden Sie im Branchenteil der Telefonbücher (Yellow Pages). Im Mietpreis sind Haftpflicht- und Insassenversicherung meist nicht enthalten, sondern werden zusätzlich berechnet. So entpuppt sich ein auf den ersten Blick unglaublich günstiges Fahrzeug, etwa Ihr Traumcabrio, bei näherer Betrachtung als viel zu teures Gefährt, auf dessen Anmietung Sie dann wahrscheinlich zähneknirschend verzichten.

Die namhaften Autovermieter bieten Modelle amerikanischer und japanischer Fabrikation an, freie Meilen, zuverlässigen Service und Rundum-Versicherung inklusive Vollkasko- und Insassenversicherung. Die meisten Fahrzeuge sind nicht älter als ein Jahr, werden gut gepflegt und regelmäßig gewartet. Bei Pannen stellt Ihnen die örtliche bzw. nächstgelegene Verleihstation sofort einen Ersatzwagen vor die Hoteltür. Auf das amerikanische Verkehrssystem haben Sie sich schnell umgestellt, zumal Sie ohnehin nicht schnell fahren dürfen. Auf Autobahnen (Interstates) beträgt die Höchstgeschwindigkeit meistens 55 *miles per hour*, also 90 Stundenkilometer. Im Land des Autos sind die Straßen selbstredend gut ausgebaut, auch in touristisch kaum erschlossenen Gegenden.

GELD

Auf jeden Fall ist die Mitnahme von Reiseschecks zu empfehlen. Gegen Vorlage des Reisepasses werden sie überall akzeptiert. Allerdings sieht es niemand gerne, wenn Sie ein Kaugummi mit einem Hundert-Dollar-Travellerscheck bezahlen. Daher ist es ratsam, kleine Stückelungen zu verlangen. Ähnlich beim Bargeld: Die Inhaberin eines kleinen Coffeeshops sieht es verständlicherweise nicht ein, wenn jemand mit einer großen Note einen Cappuccino bezahlen möchte.

Auf jeden Fall sollten Sie eine gängige Kreditkarte mitnehmen. Ich empfehle **Eurocard,** da sie wegen der Koppelung an die amerikanische **MasterCard** die meisten Vertragspartner hat.

Bei Vorlage der Karte bekommen Sie bei den meisten Banken auch Bargeld. Wer einen Pin-Code hat, kann am Automaten vor dem Supermarkt oder am Bankomaten mit der MasterCard und der Visa-Karte Geld ziehen. Das ist allerdings teuer. Fragen Sie vorher Ihre Bank nach den Gebühren. Wer eine Plastikkarte von American Express besitzt, bekommt in den Büros dieses Unternehmens täglich bis zu 1.000 Dollar in bar ausgezahlt.

Bargeld in anderen Währungen als U.S. Dollar lassen Sie am besten zu Hause. Die in Europa so gängigen Wechselstuben sind in den USA so gut wie unbekannt. Nur einige wenige große Banken sind mit Fremdwährungen einigermaßen gut ausgestattet. Wenn die zu Hause ausgestellten Reiseschecks nicht ausreichen, Sie aber lieber Reiseschecks als Bargeld bei sich haben möchten, können Sie in den Büros von **Thomas Cook** bzw. **American Express** neue erwerben.

Denken Sie daran, daß es in den USA keine Umsatzsteuer auf nationaler Ebene gibt. Jeder Staat und jede Stadt kann die Höhe ihrer lokalen Steuern selbst bestimmen und zwar auf jede Ware, inklusive Hotel- und Restaurantrechnungen. Ausgenommen sind Lebensmittel aus dem Supermarkt.

Banknoten gibt es im Wert von 1, 2, 5, 10, 50, 100, 500 und 1.000 Dollar. Achtung: Alle Scheine haben dieselbe Größe und sehen sich täuschend ähnlich. Die Münzen: 1 Cent (penny), 5 Cents (nickel), 10 Cents (dime), 25 Cents (Quarter), 50 Cents (half dollar) und 1 Dollar (buck). Die regulären *Banking Hours* sind montags bis freitags 9.30 bis 16 Uhr, samstags 9.30 bis 13 Uhr, sonntags geschlossen.

TELEFON/FAX

Ferngespräche vom Hotel aus sind teuer, weil auf jede Gebühreneinheit eine Extrasumme aufgeschlagen wird. Trotzdem telefoniere ich in den USA aus Bequemlichkeit meistens von der Bettkante aus. Wenn Sie sparen wollen und es Ihnen nicht zu umständlich ist, wechseln Sie eine Handvoll Dollar in 25-Cent-Stücke und suchen einen möglichst ruhig gelegenen Münzfernsprecher. Wieviele Münzen Sie einwerfen müssen, sagt Ihnen ein *operator* der Telefongesellschaft.

Wählen Sie eine Nummer in Michigan an und Sie befinden sich außerhalb des Vorwahlnummernbereiches, muß der dreistellige *area code* vorangestellt werden. Die Vorwahlnummern sind in den jeweiligen Kapiteln angegeben.

Bei Auslandsgesprächen ohne Operator (zum Beispiel im Hotel) wählen Sie vorweg 011 (Übersee) plus den Ländercode (Deutschland 49, Österreich 43, Schweiz 41), dann die Vorwahl der jeweiligen Stadt ohne die «0» und anschließend die Rufnummer.

Wer es bequemer und zudem preiswerter haben möchte, legt sich eine **Calling Card** der Anbieter AT & T oder Sprint zu. Diese Karten sind kostenlos erhältlich (z.B. im Reisebüro), es wird lediglich eine Grundgebühr für die Vermittlung des Gesprächs fällig. Sie wählen die gebührenfreie Nummer der Telefongesellschaft, geben Ihre Kreditkarten- sowie die gewünschte Rufnummer an und die Verbindung wird hergestellt. Die Gebühren werden vom Kreditkartenkonto abgebucht. Ein Ortsgespräch kostet 25 Cents, von manchen Läden können Sie umsonst telefonieren.

Wenn Sie keine Calling Card besitzen und ein umständliches oder teures Auslandsgespräch vermeiden wollen, bietet sich ein Faxgerät an. Die meisten Hotels faxen gerne eine Nachricht, zumal sie für eine Seite häufig fünf Dollar oder mehr verlangen. Außerdem kann man von zahlreichen Schreibwarenläden und Copyshops aus faxen. Dort ist es etwas preiswerter.

Fluggesellschaften, Autovermietungen und viele Hotels verfügen über eine sogenannte *toll-free-number,* der Anruf bei Ihnen ist gebührenfrei. In Notfällen ist Hilfe über die Nummer «911» oder den Operator «0» erreichbar.

POST

Wenn Sie sich nach Detroit Post zusenden lassen möchten, geben Sie folgende Anschrift an: General Delivery (Poste Restante), 1401 West Fort Street, Detroit, MI 48233. Sie muß auf jeden Fall den Zusatz *general delivery* tragen und wird nur unter Vorlage eines gültigen Ausweises (ID) ausgehändigt.

Die meisten Postämter haben montags bis freitags von 9-17 Uhr geöffnet, größere auch samstags von 9-13 Uhr. Die Post ist in den USA nur für Brief- und Paketbeförderung zuständig, nicht für Telefon- und Telegrammdienst. Die Briefkästen sind blau angestrichen. Postkarten und Briefe nach Europa sind mindestens eine Woche unterwegs.

MAIN POST OFFICE

1401 West Fort Street, Detroit, MI 48233, Tel. 313/226-8301. Rund um die Uhr geöffnet.

STROM

In den USA beträgt die Stromspannung 110 bis 115 Volt. Sie benötigen deshalb einen Stromumwandler. Da Steckdosen nur mit amerikanischen Steckern (zwei flache, parallel liegende Stecker) verwendbar sind, müssen Sie sich zusätzlich einen Adapter besorgen. In den USA erhalten Sie Zwischenstecker in Drogerien (drugstores).

TRINKGELD

Was das *tipping,* das Trinkgeld angeht, erweisen sich die Deutschen ein ums andere Mal als ausgesprochene Geizkragen. Dabei gehört es in den USA nicht allein zum guten Ton, sondern es ist ein Muß. Wenn Sie sich nicht unbeliebt machen oder im schlimmsten Fall auf ein Streitgespräch einlassen möchten, akzeptieren Sie die landesüblichen Gepflogenheiten. Es sei denn, Ihre Bedienung ist Al Bundy in Person.

Der Service ist in der Rechnung meistens nicht enthalten. Daher wird vom Gast erwartet, mindestens 15 Prozent auf die Endsumme (ohne Steuer) aufzuschlagen, egal ob im Restaurant oder in der Bar. Besonders zufriedene Gäste zahlen oft noch mehr. Ich wundere mich immer wieder, wie großzügig selbst solche Amerikaner mit dem Trinkgeld umgehen, die selbst keine Großverdiener sind. Aber schließlich wissen sie selbst am besten, daß das Personal ausschließlich vom Tip lebt.

Der Gepäckträger, der von Ihrem Gepäck lange Arme bekommen hat, erwartet mindestens 50 Cents pro Gepäckstück, der Taxifahrer zehn bis 20 Prozent des fälligen Betrages. Vergessen Sie auch nicht die schnellen Jungs, die Ihnen vor den besseren Hotels das Auto abnehmen (*valet parking*). Dieser Service (1 Dollar pro Holen und Bringen) wird je nach Blickwinkel als bequem oder lästig angesehen.

Oft und gern wird das Zimmermädchen übergangen. Sie bekommt beim Auschecken ein paar Dollar (nach Vorschrift einen Dollar pro Tag und Person), die auf das Bett gelegt werden. Außerdem erhalten Friseurinnen (15 Prozent) und Gepäckträger bei Amtrak (2–4 Dollar) Trinkgeld.

Für Geizkragen gibt es jedoch auch gute Nachrichten. Kein Trinkgeld gibt man: Platzanweisern im Kino, Tankwarten und Bedienungen in Fast-Food-Lokalen.

ZEITZONEN

Die USA ist in sechs Zeitzonen aufgeteilt: Eastern Standard Time (EST), Central Standard Time (CST), Mountain Standard Time (MST), Pacific Standard Time (PST), Alaska Standard Time (AST) und Hawaii Standard Time (HST). Denken Sie vor allem beim telefonieren an die Zeitverschiebung. 12 Uhr mittags in Detroit ist 11 Uhr in Chicago, 10 Uhr in Denver, 9 Uhr in San Francisco, 8 Uhr in Anchorage und 7 Uhr in Honolulu.

Wenn es in Deutschland 13 Uhr ist, ist es in den größten Teilen Michigans 7 Uhr morgens (Eastern Standard Time). Eine Ausnahme bilden die Landkreise Gogebic, Iron, Dickinson und Menominee auf der Oberen Halbinsel, in denen die Uhren eine Stunde zurück sind (Central Standard Time).

Zwar hat der Tag auch in den USA 24 Stunden, aber ein 24-Stunden-Tag ist unbekannt. Von Mitternacht bis 12 Uhr mittags heißt es «a.m.» (ante meridiem = vor Mittag), von 12 Uhr mittags bis 24 Uhr heißt es «p.m.» (post meridiem = nach Mittag). Es heißt also nicht 15 Uhr, sondern 3 p.m.

Auch in den USA wird während der Sommerzeit (*daylight saving time*) Strom gespart. Sie beginnt am ersten Sonntag im April und dauert bis zum letzten Sonntag im Oktober. (Ausgenommen sind Hawaii, Arizona, Puerto Rico und ein Teil von Indiana).

MASSE UND GEWICHTE

1 inch:	2,54 cm
1 foot:	30,38 cm
1 yard:	91,44 m
1 mile:	1.609 m
1 ounce:	0,03l oder 28,35 g
1 pound:	453 g
1 pint:	0,47 l
1 quart:	0,94 l
1 gallon:	3,78 l
1 acre:	0,41 ha
1 square mile:	2,6 qm

TEMPERATUREN

Um Fahrenheit in Celsiusgrade umzurechnen, müssen von den Graden in Fahrenheit 32 abgezogen, mit 5 malgenommen und durch 9 geteilt werden. Umgekehrt werden die Celsiusgrade mit 9 malgenommen, durch 5 geteilt und 32 hinzugezählt.

Fahrenheit	Celsius
32	0
40	4
50	10
55	13
60	16
65	18
70	21
75	24
80	27
85	29
90	32
95	35
100	38

TEMPERATUREN IN MICHIGAN

Januar/Februar: 2/-15 Grad
März/April: 14/-5 Grad
Mai/Juni: 25/8 Grad
Juli/August: 28/16 Grad
September/Oktober: 17/11 Grad
November/Dezember: 8/-10 Grad
(angegeben sind jeweils die Höchst- und Tiefstwerte)

FEIERTAGE

An den folgenden Feiertagen sind Banken, öffentliche Einrichtungen, Postämter, viele Geschäfte, Restaurants und Museen geschlossen:

1. Januar (Neujahr)
Dritter Montag im Januar (Martin Luther King Day)

Dritter Montag im Februar (President's Day)
Letzter Montag im Mai (Memorial Day)
4. Juli (Unabhängigkeitstag)
Erster Montag im September (Labor Day)
Zweiter Montag im Oktober (Columbus Day)
11. November (Veteran's Day, Armistice Day)
Letzter Donnerstag im November (Thanksgiving Day)
25. Dezember (Christmas Day)
Der Tag nach den Präsidentschaftswahlen (erster Montag im November, alle vier Jahre) ist ebenfalls ein Feiertag.

ÖFFNUNGSZEITEN

Normalerweise haben alle Geschäfte von Montag bis Samstag zwischen 9 und 18 Uhr geöffnet. Diese Regel wird jedoch von Ausnahmen bestimmt, denn die meisten Geschäfte haben an mindestens einem Tag in der Woche sehr viel länger geöffnet. In den Abendstunden findet man in den größeren Städten viele Geschäfte, die geöffnet sind. Banken sind montags bis freitags von 9 bis 15 Uhr geöffnet. Sowohl in den großen Shopping Malls als auch in den bekannten Departmentstores kann man täglich bis 20 Uhr herumstöbern.

Die meisten Restaurants bieten mittags zwischen 11.30 und 15 Uhr Lunch, ab 17.30 Uhr Dinner an.

SICHERHEIT

Wie überall in den USA gibt es auch in Michigan Kriminalität. Ich bin kein Anhänger der Da-mußt-Du-wegbleiben-Vertreter. Schon oft haben sich als unsicher beschriebene Straßenzüge oder Stadtteile als ganz besonders interessant und überhaupt nicht gefährlich herausgestellt. Trotzdem gibt es vor allem in den Ballungsgebieten der Großstädte Gegenden, in denen Vorsicht angebracht ist, vor allem nach Anbruch der Dunkelheit. Die Chance, in Detroit überfallen zu werden, ist nicht größer als in Frankfurt am Main. Und würden Sie nachts in Ihrem Stadtpark spazierengehen?

ALKOHOL

Lokale mit Lizenz zum Ausschank von Alkohol dürfen Wein, Bier und Mixgetränke (Cocktails) bis 2 Uhr morgens servieren. Lebensmittelläden, Tankstellen etc., dürfen Alkohol nur bis 24 Uhr verkaufen. An Personen unter 21 Jahre wird grundsätzlich kein Alkohol abgegeben.

RAUCHEN

Die Antirauchergesetze in den USA verschärfen sich von Jahr zu Jahr. Viele Restaurants sind mittlerweile gänzlich rauchfrei. Manche erlauben das Rauchen an der Bar, wo Sie allerdings damit rechnen müssen, empört angestarrt zu werden. In öffentlichen Gebäuden ist das Rauchen strikt untersagt.

SPORT

Michigan bietet erstaunlich viele Möglichkeiten für Sportfans. Nicht nur für solche, die dem Treiben anderer nur zusehen wollen, auch für diejenigen, die selbst aktiv werden möchten. Es gibt wunderschöne **Golfplätze,** deren landschaftliche Reize sich gegenseitig übertreffen. Große Namen wie Jack Nicklaus, Arnold Palmer und Robert Trent Jones haben hier Golfplätze der Weltklasse entworfen. Manche haben einen spektakulären Blick auf einen der Seen, andere liegen direkt in einem Waldstück oder bieten von Anhöhen aus die tollsten Ausblicke. Manchmal erblickt man sogar Rehe, Elche, Waschbären, Rotfüchse und Biber.

Auch öffentliche Plätze, die von allen kostenlos oder gegen ein nur geringes Entgeld bespielt werden können, sprießen in Michigan wie Hafer aus dem Boden. Insgesamt gibt es in Michigan etwa 600 öffentliche Golfplätze, damit hat dieser Staat mehr Plätze als jeder andere in den USA.

Die **Golf Resorts** sind Golfplätze, denen komfortable Freizeithotels angegliedert sind. Vom Whirlpool gegen den gestreßten Rücken bis zum Kinderspielplatz ist hier alles vorhanden. In den Sommermonaten ist auf den Golfplätzen natürlich am meisten los, aber wer die Landschaft (und die niedrigeren Preise!) genießen möchte, sollte im Herbst herkommen.

Die schönsten Strände und **Naturschutzgebiete** finden Sie am Lake Michigan zwischen Holland (tatsächlich mit holländischer Tradition) und Frankfort. Kilometerlanger Sandstrand, Leuchttürme, unberührte Natur, neun Parks, geschäftige Häfen und Ferienorte gibt es hier, im Nordwesten der Unteren Halbinsel, zu entdecken.

Die vielleicht größte Überraschung, die Michigan zu bieten hat: Der Bundesstaat ist ein formidables Ziel für **Wintersportler**. Skilanglauf und Hüttenzauber sind vor allem im Norden der Unteren Halbinsel beliebt. Sobald der erste Schnee gefallen ist, und das passiert meist Mitte Februar, verwandeln sich Städte wie **Traverse City** und **Suttons Bay** in Skiresorts. Die weniger Sportlichen können beim Skispringen, beim Eisfischen oder beim Curling zusehen. In Marquette ist das Hundeschlittenrennen oder "Mushing" eine Attraktion, die man nicht versäumen sollte – egal ob als Zuschauer oder als Teilnehmer.

WEITERE INFORMATIONEN

DISCOVER GOLF ON MICHIGAN'S SUNRISE SIDE
1361 Fletcher Street, National City, MI 48748, Tel. 517/469-4231 oder gebührenfrei aus den USA und Kanada 1/800/729-9373.
Bei Anruf erhalten Sie eine kostenlose Broschüre über Golfplätze.

FISCHEN

MICHIGAN DEPARTMENT OF NATURAL RESOURCES
License Control Division, P.O. Box 30028, Lansing, MI 48909, Tel. 517/373-1204.

TAUCHEN

Michigan ist mit insgesamt 90 Anglerbrücken und 5.000 Kilometern Küstenlinie ein wahres Paradies für Angler. Leihbetriebe an jedem größeren See und an den Flüssen erlauben auch spontane Angelausflüge. Im Juli tummeln sich die Hechte beim jährlichen Turnier von Saginaw Bay in der Bucht von Bay City. Im Frühjahr gehen unzählige Barsche an der Mündung des Au Gres Flusses – dem Königreich des Flußbarsches – ins Netz. Am Lake Huron können selbst Anfänger den großen Fang machen. Ob Hecht, Flußbarsch, Moräne oder Lachs – hier gibt es alles in Hülle und Fülle. In den 130 Kilometern Gewässer in Cheboygan County fängt man sich ganz sicher ein Abendessen. Fischer gehen im Thunder Bay River in Alperia auf Forellenfang, wo das jährliche "Braune-Forellen-Fest" und das Harrisville Lake Forellenfest im Juli die Besucherinnen und Besucher aus Nah und Fern anlocken.

Selbst im Winter, wenn die Flüsse Michigans zufrieren, brechen Tausende von Anglern das Eis, um auch in dieser Jahreszeit ihrem Hobby zu frönen.

MICHIGAN UNDERWATER PRESERVES COUNCIL
11 South State Street, St. Ignac, MI 49781, Tel. 906/643-8717.
Hier gibt es eine kostenlose Liste der besten Tauchgründe und Läden für Taucherzubehör.

BOOTFAHREN

MICHIGAN CHARTER BOAT ASSOCIATION
P.O. Box 80323, Lansing, MI 48908-0323, Tel. 517/886-3999.
Kostenlose Broschüre über Bootcharter, Tauchen und Ausflüge.

FAHRRADFAHREN

MICHIGAN BICYCLE TOURING GUIDE
3512 Red School Road, Kingsley, MI 49649, Tel. 616/263-5885.
Man schickt Ihnen eine Broschüre mit Informationen über Fahrrad-, Kanu-, Wander- und Segeltouren zu. Außerdem erfahren Sie, wo und wie Sie Fahrräder mieten können.

ZUSCHAUERSPORT

BASEBALL

DETROIT TIGERS
Tiger Stadium, 2121 Trumbull Avenue, Detroit, MI 48216, Tel. 313/962-4000. April bis September.

BASKETBALL

Detroit Pistons
2 Championship Drive, Auburn Hills, MI 48326, Tel. 810/377-0100.

FOOTBALL

DETROIT LIONS
Pontiac Silverdome, 1200 Featherstone, Pontiac, MI 48342, Tel. 810/335-4151.
Saison von September bis Dezember.

HOCKEY

DETROIT RED WINGS
Joe Louis Arena, 600 Civic Center Drive, Detroit, MI 48226, Tel. 313/396-7544.
Saison von Oktober bis April.

PFERDERENNEN

LADBROKE DETROIT RACE COURSE
28001 Schoolcraft Road (Interstate 96/Middlebelt), Tel. 313/525-7300.
Galopprennen von März bis November.

NORTHVILLE DOWNS
301 South Center Street/Seven Mile Road Nähe Interstate 275), in Northville, Tel. 810/349-1000.
Trabrennen von Oktober bis April.

HAZEL PARK
1650 East Ten Mile Road/Dequindre, Hazel Park, Tel. 810/398-1000.
Trabrennen von März bis November.

MICHIGAN FACTS

NAME
Der Name Michigan stammt von den indianischen Wörtern *michigama,* auf deutsch "Großer See". Der Spitzname des Staates ist "Wolverine State" nach einem inzwischen ausgestorbenen wieselähnlichen Tier.

MOTTO
Si Quaeris Peninsulam Amoenam Circumspice ("Wenn Du eine schöne Halbinsel suchst, mußt Du dich nur umschauen")

EXPORTE
Michigan produziert etwa 13 Millionen Dollar Wert an Exportgütern, die in das Ausland gehen. Wenn Michigan ein unabhängiges Land wäre, würde es zu den Top 25 Exporteuren weltweit gehören.

HAUPTSTADT
Lansing, seit 1947

STAATENBEITRITT
Der Beitritt zu den Vereinigten Staaten von Amerika erfolgte am 26. Januar 1837. Michigan war der 26. Staat.

GOLFPLÄTZE
Michigan hat mehr öffentliche Golfplätze als jeder andere Bundesstaat in den USA. Es sind ca 600.

BEVÖLKERUNG

Wie in allen Staaten der USA siedelten sich auch in Michigan zahlreiche Einwanderergruppen an. Sowohl vor als auch nach der Zeit der Sklaverei verschlug es Amerikaner afrikanischen Ursprungs in den Norden, wo sie sich in den industrialisierteren Gebieten wie Detroit, Flint und Saginaw niederließen. Ein Stadtteil Detroits ist fest in polnischer Hand.

Die Nordeuropäer hingegen zog es in die ländlicheren Gebiete Michigans. In Grand Rapids leben viele Nachkommen deutscher Einwanderer; Holland wurde - ganz offensichtlich - von Niederländern gegründet, während sich in Greenville Dänen ansiedelten. Jeden Sommer findet in Greenville das Danish Heritage Festival statt; ein Fest mit einem großen Umzug, auf dem dänische Trachten präsentiert und allerlei dänische Spezialitäten und Biere angeboten werden.

Die Gesamtbevölkerung von Michigan beträgt laut Zensus aus dem Jahre 1992 neuneinhalb Millionen Einwohnerinnen und Einwohner.

ÜBER DAS AUTO

Von Nancy Wilsted

Amerikaner ganz allgemein sind von Autos besessen. Aber es gibt in ganz Amerika keinen Ort, wo diese 'Krankheit' ausgeprägter ist als in Michigan. Michigander fahren in erster Linie amerikanische Autos, auf ausländische Fahrzeuge wird in der Regel spöttisch herabgesehen. In meiner Kindheit gab es kein Familientreffen, ohne daß die gesamte Mannschaft auf die Straße treten mußte, um diverse neue Modelle zu begutachten: Onkel Ralphs neuen Chrysler oder Onkel Petes neuen Chevrolet. Ein Auto wurde nie länger als zwei Jahre gefahren, dann wurde es verkauft. Für den Verkauf gab es keinen triftigen Grund, außer daß gerade ein schickeres neueres Modell angeboten wurde. Und so ist auf manch einem Familienphoto ein glänzend-neuer amerikanischer Schlitten im Hintergrund zu sehen.

Und eigentlich ist es auch sehr passend, daß ein Objekt, das in der jüngeren Geschichte Michigans eine so wichtige Rolle gespielt hat, auch einen angemessenen Stellenwert im Familienalbum besitzt.

ÜBERNACHTEN

In ganz Michigan warten wundervolle Bed & Breakfasts darauf, von Ihnen entdeckt zu werden. Sie spiegeln den ländlichen Charme, die Traditionen und die Herzlichkeit der Besitzerinnen und Besitzer wieder. Vor allem aber liegen sie zumeist in schönen Gegenden, mal in Hügellandschaften, mal in Bergwäldern, dann wieder mit Blick auf einen der großen Seen.

Die meisten Bed & Breakfasts bieten nicht nur ein üppiges Frühstück an, das im Übernachtungspreis inklusive ist. Oft sind die Eigentümer begabte Hobbyköche und tischen Ihren Gästen auch ein schmackhaftes Abendessen auf.

Im Land des Golf- und Skisports gibt es unweigerlich auch eine Menge Resorts, die den Bedürfnissen ihrer anspruchsvollen Klientel nichts vorenthalten. In dieser Kategorie finden Sie alles von der ultrateuren Luxuslodge mit vielen Hausmädchen bis zum preiswerten, soliden Sporthotel amerikanischer Prägung. Bei letzterem gilt: auch wenn es sich um ein Kettenhotel handelt, die Zimmer sind geräumig, die Betten sind sauber und der Service ist freundlich. Hier eine kleine

Auswahl von Unterkünften, von denen Sie garantiert keine enttäuschen wird. Da die Übernachtungspreise Schwankungen unterworfen sind und vor allem von der Jahreszeit Ihres Besuchs abhängen, haben wir auf Angaben verzichtet. Bei Ihrer telefonischen Reservierung sollten Sie sich auf alle Fälle nach sogenannten "Weekend Specials" oder anderen Sonderraten erkundigen. Weitere Tips für Unterkünfte finden Sie in den jeweiligen Kapiteln.

BED & BREAKFASTS

THE CRANE HOUSE

6051 124th Avenue in Fennville, MI 49408, Tel. 616/561-6931.
In Großmutter's Federbetten werden Sie sich wie Zuhause fühlen. Mit antiken Möbeln eingerichtet, einfach, dennoch elegant. Nur für Nichtraucher.

KINGSLEY HOUSE

626 Mai Street in Fennville, MI 49408, Tel. 616/561-6425.
Das viktorianische Haus aus dem Jahr 1886 ist komplett mit Antiquitäten ausgestattet. Alle Zimmer mit Privatbad, die beiden Suiten haben einen Whirlpool. Gehört zu den "Top 50 Inns" in den USA. Es können Fahrräder gemietet werden. Das Frühstück ist reichhaltig und garantiert "homemade".

FAIRCHILD HOUSE

606 Butler Street in Saugatuck, MI 49453, Tel. 616/857-5985.
Klassische Musik, knisternde Kamine, funkelnde Kristallgläser und Champagnerfrühstück bietet dieses B&B, das in sämtlichen Hochglanzmagazinen empfohlen wird. Schöner Garten — und wieder heißt es "Non Smoking".

THE PARK HOUSE

888 Holland Street in Saugatuck, MI 49453, Tel. 616/857-4535 oder gebührenfrei Tel. 1-800-321-4535.
Das älteste Haus in Saugatuck (aus dem Jahr 1857) steht im National Register of Historic Homes und bietet fünf schöne Zimmer und zwei noch schönere Suiten mit Kamin und Whirlpool.

TWIN OAKS INN

227 Griffith Street in Saugatuck, MI 49453, Tel. 616/857-1600.
Wie ein altes englisches Gästehaus wirkt das 1860 erbaute, einen Block von Downtown gelegene, Bed & Breakfast. Alle Zimmer mit eigenen Bädern, Gemeinschaftsraum mit Kamin.

GOSHORN HOUSE INN

89 Washington Street in Douglas, MI 49406, Tel. 616/857-1326.
Mit Antikem aus dem viktorianischen Zeitalter gefülltes Haus mit schönem Rosengarten, großem Gemeinschaftsraum, nur Minuten zum

Strand sowie zu Tennis- und Golfplätzen. Sehr empfehlenswert!

SKIRESORTS

BOYNE MOUNTAIN

Boyne Falls, Tel. 616/549-6000 oder gebührenfrei Tel 1-800-462-6963.

Ein Resort mit Tradition: Hier wird seit den 40er Jahren Ski gelaufen. Die Loipen für alle Schwierigkeitsgrade gehören zu den besten im ganzen Land. Das Nachtleben zieht vor allem jüngere und junggebliebene Leute an, die auch Wert auf Après Ski legen.

BOYNE HIGHLANDS

Harbor Springs, Tel. 616/526-3000 oder gebührenfrei unter Tel. 1-800-462-6963.

Das Schwesterresort ist mehr etwas für Familien als für allein oder zu zweit Reisende. Hier gibt es den mit über 1.500 Metern größten Höhenunterschied von allen Skiresorts in Michigan.

GRAND TRAVERSE RESORT

Nördlich von Traverse City in Acme, Tel. 616/938-2100 oder gebührenfrei Tel. 1-800-748-0303.

Ein großes Skiresort, ideal für Lang- und Schlittschuhläufer. Außerdem gibt es Tennisplätze und zehn(!) Restaurants.

GOLFRESORTS

THE LEGEND

Shanty Creek, Bellaire, MI 49615, Tel. 1-800-678-4111.

Das Meisterwerk von Arnold Palmer gehört zu den besten 25 Golfplätzen der Welt, jedenfalls laut "Golf Digest". Spektakuläre Aussichten, unter anderem auf den Lake Bellaire.

THE MAJESTIC

Am Lake Walden, zwischen Flint und Ann Arbor, 9600 Crouse Street in Hartland, MI 48353, Tel. 810/632-5235.

20 der insgesamt 27 Holes liegen in Waldschneisen. Hier wurde geklotzt statt gekleckert: Man benötigt 50 Minuten, um das ganze Areal mit dem Auto zu umrunden.

THOROUGHBRED GOLF CLUB

Double JJ Resort, 6886 Water Road, Rothbury, MI 49452, Tel. 616/893-4653.

Besonderheit: Im Land der Pferdezucht haben die Vierbeiner Vorfahrt, sogar auf diesem Golfplatz. Nach dem Golfen (oder vorher) können Sie einen Ausritt machen, denn das Resort war ursprünglich eine Pferderanch.

GARLAND
County Road 489, Lewiston, MI 49756, Tel. 1-800-968-0042.
In landschaftlich wunderschöner Umgebung mit Seen und Wäldern gelegen. Golfanlage vom Feinsten. 117 luxuriös ausgestattete Zimmer und Suiten, erstklassiges Restaurant.

BERGLODGE

KEWEENAW MOUNTAIN LODGE
Copper Harbor, (Upper Peninsula) MI 49918, Tel. 906/289-4403.
Rustikal-gemütliche Lodge mit allem nur denkbaren Komfort. Geräumige Zimmer, Kamine, Restaurant, Bar, Golf- und Tennisplätze. Der Lake Superior ist ganz in der Nähe.

STADTHOTELS

RITZ-CARLTON
300 Town Center Drive, Dearborn, MI 48126, Tel. 313/441-2000 oder gebührenfrei unter Tel. 1-800-241 333, Fax 313/441-2051.
Service perfekt: In diesem Hotel der Luxusklasse kommt beinahe auf jeden Gast eine Hotelangestellte. Fitnesscenter, Sauna, Massage, Marmorbäder, Swimmingpool – Shopping gleich nebenan im Fairlaine Town Center. Elegantes Dining in **The Restaurant,** Gegrilltes vom Feinsten in **The Grill and Bar.** Auf der Clubetage für ein paar Dollar mehr privaten Service mit kostenlosen *hors d'oeuvres,* Fünf-Uhr-Tee und abendlichen Cocktails in gediegener Atmosphäre. Eben typisch Ritz-Carlton!

HOTEL ST. REGIS
3071 West Grand Boulevard, Detroit, MI 48202, Tel. 313/873-3000 oder über Prima Hotels gebührenfrei Tel. 0130-854-278, Fax 313/873-2574.
Direkt im Herzen von Detroit's neuem Stadtzentrum in unmittelbarer Nähe von Nightclubs, Museen, Einkaufszentren und dem Theaterdistrict gelegen. Im elegant ausgestatteten St. Regis Room können Sie erstklassige kontinentale Küche genießen. Fitnesseinrichtung im Hause, Tennis- und Golfplätze in der Nähe. Ein Skywalk verbindet das Hotel mit dem Hauptquartier von General Motors.

THE WESTIN HOTEL RENAISSANCE CENTER
Renaissance Center, Detroit, MI 48243, Tel. 313/568-8000 oder gebührenfrei von Deutschland Tel. 0130-85 26 62, aus Österreich Tel. 06 60-65 22, aus der Schweiz Tel. 155-45 00, Fax 313/568-8146.
Flankiert von den sechs Hochhaustürmen des Renaissance Center erhebt sich das Hotel 200 Meter über

den Detroit River. Das Renaissance Center ist ein gigantischer Geschäfts- und Ladenkomplex mit über 70 Restaurants und Shops. Mit 73 Stockwerken ist das Hotel das dritthöchste der Welt und zweiffellos **das** Wahrzeichen Detroit's. Im Summit Restaurant genießen Sie einen 360-Grad-Panoramablick und können dabei phantastische Steaks essen.

THE RIVER PLACE

1000 River Place, Detroit, MI 48207, Tel. 313/258-9500, Fax 313/259-3744.
Direkt am Detroit River liegt das River Place Hotel mit 108 elegant eingerichteten Zimmern und Suiten. Von vielen haben Sie einen Blick auf die Skyline von Downtown und hinüber nach Kanada. Marmorbad, Bademäntel und einen privaten Safe finden Sie in jedem Zimmer standardmäßig vor. Gourmet dining im Restaurant **Louie's on the River,** wo im New-Orleans-Stil gekocht wird.

HILTON INN

610 Hilton Boulevard, Ann Arbor MI 48108, Tel. 313/761-7800 oder gebührenfrei aus Deutschland Tel. 0130-81 81 46, aus der Schweiz Tel. 155 22 46.
In der Nähe der University of Michigan (Interstate 94, Exit 177) gelegen. Schwimmbad und Sauna, außerdem zwei Restaurants und ein Café. In den Zimmern Föhn, Videorecorder und Kaffeemaschine.

SHERATON INN

3600 East Cork Street (Interstate 94, Exit 80), Kalamazoo, MI 49001, Tel. 616/385-3922, Fax 616/385-2747.
Kleineres Sheraton mit Schwimmbad, Whirlpool, Sauna und einem Restaurant, in dem Sie amerikanische Küche genießen können. Von den 165 Zimmern sind gut ein Drittel nur für Nichtraucher buchbar.

GRANDHOTEL

THE GRAND HOTEL

Mackinac Island, MI 49757, Tel. 906/847-3331. Geöffnet Mitte Mai bis Ende Oktober.
Ein klassisches Grand Hotel alter Prägung mit Pool, privatem Golfplatz, Reitpferden, Tennisplätzen und schöner Veranda (angeblich der längsten der Welt). Die meisten Zimmer haben Seeblick. Luxus und Eleganz eines Hotels aus einer längst vergangenen Zeit leben hier wieder auf. Das Ganze hat seinen Preis. Ein Tip für Genießerinnen und Genießer!

Bed & Breakfast auf Mackinac Island >>

DIE US-KÜCHE

Von Greta Salomon

Liebe Alexandra,

gerade habe ich Dein Fax bekommen. Sehr geschickt, mich nach den kulinarischen Köstlichkeiten Amerikas zu befragen, wo Du doch genau weißt, daß ich mich, was das Essen angeht, schlecht kurz fassen kann.

RITUALE

Stell Dir also vor, Du hast Dir ein Plätzchen auf der Terrasse eines wundervollen Restaurants ergattert, eine laue Brise streift über Deine zarte, sonnengebräunte Haut, das Meer singt sein Lied der ewigen Wiederkehr, Deine Stimmung ist gut, und Du bist hungrig. *Fast food* magst Du nicht – oder ißt es nur heimlich –, und Du willst eine authentische amerikanische Küche genießen. Kein Problem. Oder eben nur ein klitzekleines, denn was Restaurantbesuche angeht, so sind in den USA bestimmte Rituale zu beachten, denen sich die Amerikaner mit einer Hörigkeit unterwerfen, die manchmal an Masochismus grenzt.

Sie warten geduldig, wenn's sein muß stundenlang, auf einen freien Tisch. In der Hand einen Zettel, auf dem eine Nummer die Reihenfolge der Esser bestimmt. Diese Wartezimmersituation umgehst Du, wenn Du im Lokal Deiner Wahl telefonisch einen Tisch reservierst. Wenn Du allerdings in eines der beliebten Kettenrestaurants wie "Sizzler", "International House of Pancakes", auch kurz IHOP genannt, oder "Lobster Pot" einkehren möchtest, kommst Du um das Warten nicht herum.

WAIT TO BE SEATED

Einmal drin im Restaurant, bleibt Dir nichts weiter übrig, als einige Vorschriften zu beachten. "Please wait to be seated" prangt es auf einem Schild im Eingangsbereich, was heißt, daß Du niemals, so hungrig Du auch sein magst, auf eigene Faust schnurstracks einem Tisch Deiner Wahl zustreben darfst! Die Auswahl des Tisches besorgt eine nette Empfangsdame in blauem Kostüm und Hackenschuhen. Ich weiß, daß Dir solche Frauen nicht gefallen, aber sie ist Dir bei dieser logistischen Aufgabe mit einem freundlichen Lächeln nur allzu gern behilflich. Vorher fragt sie allerdings noch "Smoking or non smoking?", und da Du ja noch rauchst, wirst Du garantiert an einen der beiden Tische neben der Toilettentür gesetzt.

In manchen Lokalen oder gar ganzen Städten und Bundesstaaten wie Kalifornien wirst Du völlig auf die Pafferei verzichten müssen. Das haben diejenigen durchgesetzt, die neben Dir künstliche Hustenanfälle bekommen und Verfahren wegen "Belästigung durch passives Rauchen" führen. Außerdem wirst Du mit Zigarette in den USA, wo kaum noch jemand raucht, auf eine Art angesehen, daß Du Dir nach spätestens zwei Wochen nur noch äußerst schuldbewußt eine Kippe zwischen die Lippen steckst. Wenn Du in Restaurants aufs Rauchen verzichtest, bekommst Du auf jeden Fall einen besseren Tisch.

"FRÜHE VÖGEL"

In guten Lokalen wird Dir nach Zuteilung des Platzes – zucke bitte nicht zurück oder springe gar auf – die Serviette auf den Schoß gelegt. Anschließend kommt jemand mit einem Glas Wasser. Wenn Du es nicht trinken willst, lehne es ab, in den USA ist das Wasser bereits viel knapper als bei uns. Dann kannst Du aufatmen, denn es geht alles seinen gewohnten Gang.

Zwischen 16 und 18 Uhr bieten zahlreiche Lokale eine Besonderheit an: das "Early Bird Dinner", im Prinzip dasgleiche Essen wie am Abend nur bis zu 50 Prozent preiswerter. Aber wer mag schon zur Kaffeezeit essen gehen? Du etwa?

KREATIVE KÜCHE

Doch laß mich endlich zum eigentlichen Thema kommen: Auch im Lande des schnellen Happens wird inzwischen kreativ und innovativ gekocht. Erinnerst Du Dich noch daran, wie ich Dir von meinem ersten amerikanischen Restaurantbesuch in St. Augustine im Norden Floridas vorgeschwärmt habe? Die Lammkeule im "Le Pavillon" war vom Feinsten, und mit dem pochierten Lachs in einer delikaten Dillsahnesauce hätte der Chef bei jedem ernstzunehmenden Gastronomiekritiker Ehre eingelegt. Und dann erst das kambodschanische Menu im "Angkor Wat" in San Francisco! Oder die Ente aus dem Feuerofen in "Roy's Restaurant" in Waikiki! Geh auch ruhig mal in Lokale, die das Ambiente von schlichten Kneipen haben. Da kann die Überraschung groß sein. Dann nämlich, wenn der Fang des Tages, der *Catch of the Day,* auf den Tisch kommt. Meistens ist er bißfest, duftet wundervoll, ist nur in Butter gebraten, daneben vielleicht eine Zitronenhälfte, dazu hausgemachten Kartoffelsalat. Zum Augenverdrehen!

FRISCHER FISCH

Überhaupt, wenn Du an irgendeiner Küste bist, halt Dich an Fischgerichte! Zwar läßt die Wasserqualität, wie überall auf der Welt, zu wünschen übrig, aber der Fisch durchläuft eine sorgfältige Inspektion durch staatliche Kontrolleure. Besuch mal eine "Oyster Bar", manchmal auch "Raw Bar" genannt, dort findest Du die ganze Palette der fischigen Köstlichkeiten vor Dir ausgebreitet.

Ob Hummer, Steinkrebse, Austern, Venusmuscheln, Meeräschen, Shrimps oder exotische Fischarten wie Seebarbe (Red Snapper), Goldmakrele (Pompano) und Seeforelle (Sea Trout): In den meisten Gewässern tummelt sich unglaublich viel Getier. Dabei hat jede Region ihre besondere Spezialität. Probier unbedingt mal eine Muschelsuppe (*clam chowder*), die aus Neu-England kommt, geräucherte Meeräsche vom Golf von Mexiko, Hummer aus Maine und Snow Crabs aus Florida. In den Everglades in Florida tauchen neben Froschschenkeln sogar Alligatorenschwänze in den Töpfen auf. Vielleicht möchtest Du sie, im Gegensatz zu mir, einmal versuchen?!

NEW YORK STRIP

Vom Wasser aufs Land. Steaks findest Du auf fast allen Speisenkarten, in vielen Variationen, die eine Wissenschaft für sich sind. Als Beilagen gibt es *cole slaw,* ein lecker mit süßer Sahne angemachter Kohlsalat, knuspriges Knoblauchbrot und in Folie gegarte Kartoffeln mit *sour cream,* einer Art Crème fraiche.

Das Filet mignon ist das zarteste aller Steaks und unserem Filetsteak vergleichbar. Das Chateaubriand ist ein größeres Filetstück, dessen Fasern allerdings längs zum Schnitt verlaufen. Dadurch dringt die Hitze langsamer ein, es wird beim Braten kleiner, und Du kannst an einer leckeren Kruste knuspern.

Das nicht ganz so zarte, sehr kräftig nach Rind schmeckende Porterhouse Steak vereint ein Filetstück mit dem danebenliegenden Rindfleischstück, durch einen Sehnenstreifen getrennt. Ein gut abgehangenes Sirloin Steak, auch New York Strip genannt, ist, gekonnt zubereitet, das allerbeste Steak auf amerikanischen Tischen. Wenn Du den Knochen mitserviert haben willst, heißt es Kansas City Strip Steak.

PRIME RIB

Etwas fetter, dafür aber auch saftiger, ist das Rib-eye-steak, manche nennen es auch Delmonico. Und ein im Ganzen gegartes Rippenstück, das erst bei der Bestellung in (große) Portionen aufgeteilt wird, heißt Prime rib, eine phantastische Abwechslung, da es mit scharfem Merrettich oder Senf gegessen wird. Du solltest übrigens immer nur *U.S. Prime Beef*, das besonderen Qualitätsansprüchen genügt, bestellen. In den USA wird auch die berühmteste Rinderspezies der Welt gezüchtet, das Charolais-

Rind. Dessen Fleischstücke kommen, wie alle anderen, am besten rare oder medium auf den Tisch, denn sie well done zu verzehren, wäre nicht nur ein kulinarisches Vergehen, sondern eine Beleidigung des Küchenchefs. Es sei denn, man käme aus Texas.

Vor allem an den Wochenenden veranstalten viele Amerikaner ein deftiges Barbecue-Essen, das auch in vielen Restaurants zu bekommen ist. Du müßtest mal mit zu meinem Onkel George nach Atlanta kommen – der versteht sich bestens auf die Zubereitung: Rinder- und Schweinefleisch, aber auch Hähnchen, werden in einer Art großem Backofen gegart – dazu kommt eine süßsaure Sauce auf den Tisch. Ein leckeres und preiswertes Vergnügen!

EXOTISCHES

Inspiriert von karibischen, asiatischen, lateinamerikanischen und pazifischen Einflüssen, hat sich die US-Küche in den letzten Jahren gemausert. Vor allem in den Freßstädten New York, San Francisco, Chicago und Miami. Immer mehr Küchenchefs peppen die Gerichte mit Papayas und Mangos, Koriander und Limonengras zu einer "ethnischen" Küche auf, die in den USA ihresgleichen sucht. Es wird voller Phantasie gekocht, Petersiliengarnitur ist *out,* Blütengarnitur ist *in.*

Von der traditionellen kubanischen Küche, die vor allem aus Miami nicht mehr wegzudenken ist, läßt Du besser die Finger. Hätten die kubanischen Einwanderer nicht auch noch ihre Wirtschaftskraft mitgebracht, allein mit ihren schwarzen Bohnen (Frijoles Negros) und Rinderhackfleisch à la Bolognese (Picadillo) wären sie nicht sehr weit gekommen. Doch auch in dieser Hinsicht ist Land in Sicht, denn einige Köche machten Schluß mit dem Gewohnten und kochen nun geradezu avantgardistisch. Versuche, im kubanischen Gourmetrestaurant "Yuca" in Miami einen Platz zu bekommen: Hier werden Experimentierfreudigkeit und neue Kochmethoden praktiziert. Mit großem Erfolg.

KOSCHER BEI KATZ'S

Dann wären da noch die (vielen) sehr engagierten Italiener, die meist recht extravaganten Franzosen, die wie überall auf der Welt bodenständigen Deutschen, mehr oder weniger gute Chinesen und äußerst bemühte Thais. Und nicht zu vergessen die koschere Küche, die von der großen jüdischen Bevölkerungsgruppe eingeführt wurde. Bei "Wolfie's" auf der Collins Avenue in Miami Beach, dem ältesten jüdischen Lokal in Südflorida, oder bei "Katz's Delicatessen" in New York kannst Du eine Kostprobe wagen.

Du siehst, in den Vereinigten Staaten gibt es eigentlich nichts, was es nicht gibt. Von der einfachen Burgerbutze bis zum feudalen Gourmet-Restaurant, vom Pizzabäcker bis zur italienischen *haute cuisine*.

Bei den Desserts, und hier solltest Du Dich etwas zusammenreißen, brillieren die Amerikaner ebenfalls. Ihre schokoladigen Türme, ihre Tiramisus, ihre frischen Früchte und Vanillecremes sind zwar jeglicher Diät abträglich, aber unwiderstehlich! Und erst das Speiseeis, Du kleines Schleckermäulchen! Zwei Ketten möchte ich Dir wärmstens ans Herz legen: Bei "Ben & Jerry's", die das Schokoladeneis mit rumgetränkten Kuchenstückchen erfunden haben, und bei "Baskin Robbins" mit ihrer Smarties- und heißer Himbeersaucengarnitur, sehe ich Dich schon in den siebten Gourmethimmel aufsteigen.

BREAKFAST

Das amerikanische Frühstück ist deftig und reichlich, eigentlich keine Empfehlung für jeden Morgen. Die Bedienung schenkt soviel Kaffee oder Tee ein, wie Du möchtest. Der Kaffee ist zwar dünn, enthält aber mindestens soviel Koffein wie eine Tasse starken deutschen Kaffees. Den Orangen- oder Grapefruitsaft bekommst Du nirgends frischer als in Florida. Er ist grundsätzlich frisch gepreßt, ungesüßt und schmeckt erfrischend fruchtig. Der Onkel Dittmeyer Floridas heißt "Minute Maid" und ist der beste Orangensaft des Landes. In Tüten abgefüllt, gibt es ihn in allen Supermärkten.

Wenn Du bereit bist, gesundheitliche Aspekte außer acht zu lassen, bestellst Du zwei Spiegeleier, dazu eine Art Rösti (*hash browns*) oder Bratkartoffeln. Die Beilagen kommen vom Grill, und Du kannst zwischen Schinken, Frühstücksspeck, zwei kleinen Würstchen oder Minifrikadellen wählen. Da Du keine Holzfällerin bist, reicht ein Spiegelei, mit derselben Beilage versteht sich.

RYE, WHEAT OR WHITE?

Bei der Ei- und der Toastbestellung mußt Du einige Feinheiten beachten. Die Bedienung hat eine Art Fragebogen im Kopf und möchte wissen: "Sunny side up, over easy or scrambled? Rye toast, wheat toast or white toast?", und sie wartet, den Stift im Anschlag, auf Antwort. Also, ein normales Spiegelei trägt seine sonnige Seite (das Gelbe) nach oben, magst Du das Weiße gegart, wird ein Deckel auf die Bratpfanne getan (*over easy*), und die dritte Variante ist Rührei. Natürlich bekommst Du auch ein gekochtes Ei (*boiled*).

Roggen- und Weizentoast ist den anderen Sorten vorzuziehen, nicht etwa wegen der Gesundheit, daran ist bei einem Spiegeleierfrühstück sowieso nicht zu denken, sondern weil der weiße Toast schrecklich pappig ist und nach gar nichts schmeckt. So also schmeckt "gar nichts", falls Dich das schon immer mal interessierte. In den Südstaaten gibt es eine Besonderheit: Grits, Hinterlassenschaft der frühen Siedler, ist ein wie Haferschleim zubereiteter Griesbrei, dessen vielgepriesener Wohlgeschmack mir verborgen geblieben ist.

MÜSLI ODER WAFFELN

Wenn der Tag noch hemdsärmeliger anfangen soll, bestellst Du einfach ein kleines Steak. Oder willst Du morgens schon sündigen? Dann mußt Du unbedingt die leckeren selbstgebackenen Waffeln probieren. Sie schmecken wie lockerer Sandkuchen und werden mit irre süßen Soßen wie Ahornsirup, zähflüssigem Himbeer- oder Erdbeersaft begossen. Eine besondere Spezialität sind die etwas dickeren belgischen Waffeln mit heißen Kirschen und Schlagsahne obendrauf. Für diese Versuchung suchst Du am besten einen Ableger der "Waffle Houses" auf, die an allen größeren Durchfahrtstraßen zu finden sind.

Bekanntlich ist das Körper- und Gesundheitsbewußtsein der US-Amerikaner sehr ausgeprägt, mit Ost-West-Gefälle, denn die Kalifornier übertreiben in dieser Hinsicht gewaltig. Auf keinem Frühstücksbüffet fehlen deswegen "Kellogg's Cornflakes" in etlichen Geschmacksvariationen. In sehr guten Hotels und auf Clubetagen gibt es sogar Müsli, meist aus Schweizer Herstellung. Übrigens: ein typisch amerikanisches Frühstückslokal mit typisch nettem Bedienungspersonal ist "Denny's Restaurant." Ob auf Hawaii oder der Fifth Avenue, an allen Ausfallstraßen und in Siedlungen mit mehr als zehn Häusern ist ein Lokal dieser Kette vertreten.

SANDWICHES

Das Mittagessen beginnt bereits um 11 Uhr und besteht nicht, wie bei uns, aus einem kleineren Abendessen, sondern wirklich nur aus einer Kleinigkeit, etwa einem Sandwich, einer Suppe oder mexikanischen Snacks. Sandwiches heißen oft submarines oder einfach nur "subs". Es handelt sich um Weißbrotstangen, die mit verschiedenen Dingen wie Geflügelsalat, Schinken und Käse, magerem Roastbeef oder gebratenem Truthahnfleisch belegt sind. In Staaten mit Küste ist auch das Fischsandwich sehr beliebt, bei dem der Barsch (grouper) zum Einsatz kommt.

Die mexikanische Küche hat sich mit langweiligen Maisfladen durchsetzen können. Die Tacos und Burritos werden mit Hackfleisch gefüllt und mit Salat, Tomaten, Zwiebeln, geriebenem Käse und einer Avocadocreme, der Guacamole, serviert. Bei "Taco Bell", einem mexikanischen Fast-Food-Lokal, ist lediglich das Chili-Con-Carne genießbar.

Viele Restaurants bieten mittags die gleichen Speisen an wie abends, die Portionen sind kleiner, die Preise auch. Häufig gibt es auch Mittagsmenüs, die *luncheon specials.*

HAPPY HOUR

Von den Cocktails einmal abgesehen, gibt es keine typisch amerikanischen Getränke. Du als Biertrinkerin solltest Dich an Importware aus Deutschland halten, die ist zwar teurer, aber auch reiner. Sehr erfrischend ist mexikanisches Bier, das mit einer Limonenspalte genossen wird. Die Weine kommen meistens aus Napa Valley in Kalifornien oder aus Frankreich, wobei die amerikanischen Produkte zwar immer besser werden, aber etwas überteuert sind. Für einen Cocktail lassen viele Amerikaner Bier oder Wein stehen. Margarita, Screwdriver, Planters Punch, Sidecar, Pink Lady und der kräftige Rum Runner sind die beliebtesten.

Am späten Nachmittag, wenn Du nach einem Aufenthalt am Strand oder einem Shoppingbummel Appetit auf einen Cocktail hast, achte auf Bars, die ein Schild mit der Aufschrift "Happy Hour" ausgehängt haben. Dort bekommst Du viele Getränke zum halben Preis oder auch zwei Drinks zum Preis von einem – ob Dich das glücklich macht, möchte ich jedoch bezweifeln.

An der Bar wirst Du sicherlich das ein oder andere Mal die Wartezeit auf den freien Tisch verbringen. Lediglich ein paar ältere Herren oder unverbesserliche Nostalgiker nehmen einen Whiskey als Apéritif. Wer nicht laut und deutlich einen Scotch bestellt, bekommt einen Bourbon. Der amerikanische Bourbon, der in den Geschmacksrichtungen von ganz mild bis sehr kräftig gebrannt wird, kommt meistens nicht pur, sondern mit Wasser, Cola, Ginger Ale oder viel Eis ins Glas. Überhaupt gibt es alle Getränke mit einer Menge Eis oder sehr stark gekühlt. Egal ob am Tisch oder am Bartresen: Fast immer werden Kleinigkeiten zum Knabbern angeboten, meistens Salzgebäck, Nüsse oder Chips.

DER DOGGIE BAG

Noch ein Tip zum Schluß: Da die Portionen meistens sehr groß sind, und fast niemand alles aufißt, wurde irgendwann der Doggie Bag erfunden. Wenn Du also zu der Bedienung sagst: "Can I have a doggie bag, please?", wird Sie Dir das Übriggelassene gut verpackt mitgeben. Natürlich hat niemals ein

Hund einen Doggie Bag zu Gesicht bekommen; die Amerikaner sichern sich auf diese Weise ihren Snack für den kommenden Arbeitstag. Gib Deinen einfach der nächstbesten *homeless,* die bestimmt ganz in der Nähe des Lokals ihr Quartier bezogen hat.

DOMINO'S PIZZA

Ich könnte noch viel mehr schreiben, von den leckeren Keksen der "Mrs. Fields", die sich übrigens gut als Mitbringsel eignen und bei deren Genuß es sich viel schöner über die Urlaubstage plaudern läßt, von *Drive Ins,* in denen Du essen kannst, ohne aus dem Auto auszusteigen, von "Domino's Pizza", die auch ins Hotelzimmer geliefert wird – aber ich bin beim Schreiben so hungrig geworden, daß ich jetzt unbedingt etwas essen muß.

Mach's gut meine Dicke, verzeih', liebste Alexandra, laß es Dir schmecken und bis bald.

Deine Greta

Greta Salomon ist Reisejournalistin und Restauranttesterin. Für deutsche und amerikanische Zeitschriften und Magazine ist die Kosmopolitin auf allen Erdteilen unterwegs. Ihre Lieblingsthemen sind die Küchen, Pferderennbahnen und Frauen dieser Welt. Sie lebt in Sidney und San Francisco.

DIE KÜCHE MICHIGANS

Von Mary J. Gebhardt

Zwar gilt der Name Michigan oft als Synonym für Autos, doch die Landwirtschaft kommt gleich an zweiter Stelle. In Michigan wird so gut wie alles angebaut: Spargel und Kirschen, Popcorn und Pilze, Sojabohnen und Zucchini. Berühmt ist die lokale Küche unter anderem für Apfelbutter, gebackene Bohnen, Zucchinibrot, Zitronenkuchen und so exotische Dinge wie geröstete Bärentatzen und Sparkelkekse.

POPCORN

In Michigan wird soviel Popcorn angebaut, daß man jährlich eine mittelgroße amerikanische Kleinstadt darunter begraben könnte. Popcornkenner bewahren die Kerne luftdicht verschlossen in sorgfältig versiegelten Behältern auf, so daß keine Feuchtigkeit oder gar Insekten hineinkommen können. Es ist die extreme Trockenheit, die das Popcorn vom Aufplatzen abhält. Was für das richtig gute Poppen sorgt, ist die feste Beschaffenheit und die dicke Haut des Korns. Wenn die sich im Korn befindliche Flüssigkeit dann durch Dampf erhitzt wird, platzt das Korn mit so großer Wucht auseinander, daß es 30 bis 40 Mal größer wird. Übrigens: Nach neuesten Erkenntnissen besitzt Popcorn viele Vitamine und Mineralien und hat nur wenige Kalorien. *So pop away and enjoy!*

KIRSCHEN

In und um Traverse City dreht sich alles um Kirschen. Im Juli werden die riesigen Kirschplantagen abgeerntet und zwangsläufig gibt es die tollsten Gerichte in denen die leckeren roten bis kastanienbraunen Früchte verwendet werden. Zur Erntezeit werden Sie auch überall an den Straßen im Nordwesten kleine Obststände sehen, an denen Sie natürlich unbedingt anhalten und probieren müssen.

CORNISH PASTY

Eines der leckersten Gerichte in Michigan wurde von Bergleuten aus Cornwall mitgebracht: Cornish Pasty. Es gibt viele Geschichten über diese Mahlzeit. Eine besagt, daß die mit Fleisch und Nachspeise gefüllte Blätterteigtasche, in der Brusttasche getragen, die Bergleute unter Tage warmhalten sollte. Andere behaupten, daß die Bergleute ihre Ehefrauen unter dem Aspekt auswählten, welche denn diese Speise am besten herstellen konnte. Für harte Arbeiter schließlich überlebenswichtig! Heute wird Cornish Pasty natürlich nicht mehr an Bergleute, sondern hauptsächlich an Touristen verkauft. Das Gericht eignet sich vorzüglich für Picknicks. Und wie heißt es doch so schön in Michigan? "There's nothing better than a pasty, all steamy, fresh and hot, no, there's nothing better than a pasty, unless it's two you've got."

MUSHROOMER

Im Monat Mai, wenn die Apfelbäume blühen und wenn die Blätter an den Eichen so groß wie Eichhörnchenohren sind, geraten die Pilzsammler in Aufregung. Morcheln, die so aussehen wie kleine Weihnachtsbäume, locken tausende von Pflückerinnen und Pflückern in die Wälder. Sie werden "Mushroomer" genannt und es hat sich geradezu eine eigene Kultur entwickelt. Sie besitzen Karten, auf denen die besten Felder eingezeichnet sind und manche reisen gar hunderte von Meilen an, um sich dann, Ameisen gleich, als Erntearbeiter zu betätigen. In vielen Landkreisen gibt es außerdem "Mushroom Festivals" mit Wettbewerben und Preisen für das schönste und größte Exemplar. Es versteht sich von selbst, daß größter Wert darauf gelegt wird, ein Spezialistenurteil zur Eßbarkeit des Pilzes einzuholen. So manch schöner Sammeltag im Wald endete nämlich im Krankenhaus!

FUDGES

Im Norden Michigans, auf Mackinac Island, gibt es nicht nur Kutschenfahrten und Fahrräder (Autos sind hier nämlich nicht zugelassen), hier spielt auch der Sahnebonbon eine große Rolle. Auf der acht Meilen langen Insel werden Sie also zwangsläufig eine Menge zu Fuß gehen und dabei sicherlich den ein oder anderen Fudgeshop entdecken. Die gibt es nämlich überall und Tonnen von Bonbons werden jährlich an Touristen verkauft. Die können dabei zusehen, wie Menschen mit weißen Schürzen aus der dicken Syrupmasse kleine Leckereien für Naschkatzen herstellen. Verarbeitet werden sie höchst unterschiedlich, mal mit Rum, mal mit Rosinen, mal mit Vanille, mal mit Pistazien — der Phantasie sind dabei keine Grenzen gesetzt. Nach dem Verzehr eines halben Pfundes können Sie sich ja immer noch auf Ihr Miet-Fahrrad schwingen und die Kalorien wieder abstrampeln.

DEUTSCHE KÜCHE

Weil so viele Deutsche nach Michigan ausgewandert sind, finden sich selbstverständlich auch deren Gerichte auf den Tischen wieder. Sauerkraut, eingelegte Gurken, Karotten und grüne Bohnen, Kartoffelsuppe und -salat, Eintöpfe, rote Beete, selbstgebackenes Brot und Aufläufe gehören zum Standardrepertoire jedes traditionellen Restaurants. Besonders hervorzuheben ist Frankenmuth, ein "Bavarian Village", in dem es natürlich alle nur denkbaren "deutschen" Gerichte gibt.

BOHNEN

Ein wegen ihrer Wirkung auf das menschliche Verdauungssystem berühmt-berüchtigtes kulinarisches Thema in Michigan sind die Bohnen, namentlich die *Navy Beans*. Ein ehemaliger Soldat kam aus dem Bürgerkrieg zurück und fand in seiner Jackentasche ein paar Bohnen. Er fragte sich, ob die wohl auch in Michigan gedeihen würden. Sie taten es. Und wie. Heute bildet die Gegend um Saginaw das Herz der Bohnenanbauer. Spezialitäten sind etliche verschiedene Arten von Bohnensuppen, die je nach Region und Familientradition voneinander abweichen.

REZEPTE MIT ÄPFELN

Der intensive Anbau von Äpfeln hat nicht nur zur Produktion von leckerem Cidre sondern auch zum Entstehen feiner Rezepte geführt. So werden beispielsweise viele Salate mit Äpfeln zubereitet und die Apfelsauce, die zum Truthahn gereicht wird, nimmt beinahe einen geheiligten Status ein. Zum Frühstück können Sie in Michigan übrigens Ihre Pfannkuchen mit einem unvergleichlichen Apfelsyrup genießen, der aus Cidre, Zimt und braunem Zucker fabriziert wird. Daß in diesem Bundesstaat ein besonders schmackhafter Apfelkuchen gebacken wird, versteht sich fast von selbst.

ANDERE SPEZIALITÄTEN

Aus Spargel und Blumenkohl entstehen in Michigan wundervolle Aufläufe. Zwiebeln werden in Honigsauce gebacken, es gibt Karottensoufflés, Selleriekasserollen, lecker gefüllte Tomaten, Kartoffelbrei mit Käse, feines Zucchinipüree und die berühmten *Fried Green Tomatoes,* die also nicht nur in den Südstaaten der USA gegessen werden. Was die Desserts angeht, so gibt es viele verführerisch klingende Gerichte wie Ingwerbrot mit Blaubeeren, Apfel-Kirsch-Auflauf, Brotpudding, gestürzten Birnenkuchen, Rhabarbercreme, Kürbisparfait und überbackene Pflaumen mit Schlagsahne.

Mary J. Gebhardt ist Restaurantkritikerin und Reisejournalistin mit Spezialgebiet USA.

PANIK MIT PILZEN

Von Nancy Wilsted

Da Michigan ein sehr bewaldeter Staat ist, gibt es natürlich viele passionierte Pilzsammler. Auch wir gingen im Frühjahr regelmäßig in den Wald, wobei sich unsere 'Jagd' auf Morcheln beschränkte - die einzigen Pilze, bei denen wir uns sicher waren, daß sie genießbar und keine tödlichen Giftpilze waren. Wahre Pilzfreunde mit einem etwas profunderen Wissen sammelten natürlich viele verschiedene Sorten, und fast jeder hatte seinen Geheimplatz, der nicht verraten wurde.

Freunde von mir – erfahrene Pilzsammler und von ihrer Fähigkeit auf diesem Gebiet auch recht überzeugt – fanden eines Tages einen seltenen Pilz. Schnell war er gepflückt und zu Hause als köstliche Essensbeilage verarbeitet. Bei ihnen war es üblich, der Katze von jedem Essen eine kleine Kostprobe zu geben. Kurz nachdem das Pilzmahl beendet war, begann die Katze zu erbrechen. Die naheliegende Schlußfolgerung: Pilzvergiftung! Bei allen Familienmitgliedern brach Panik aus, sie sprangen ins Auto, rasten ins nächstgelegene Krankenhaus und ließen sich dort den Magen auspumpen.

Mit einem elenden Gefühl im Magen und von der unangenehmen Prozedur erschöpft, kehrten sie nach Hause zurück. Doch was sahen sie da in der Küchenecke? Ihre Katze, wie sie zufrieden ihre drei noch feuchten Jungen säugte. Die ganze Familie hatte sich den Magen auspumpen lassen, weil ihre Katze zu Werfen begann.

Nancy Wilsted stammt aus Greenville, Michigan. Von ihr stammt auch das Feature "Eine Kindheit in Michigan".

DER SÜDOSTEN

Der Südosten Michigans besteht aus sieben Landkreisen und der Metropole Detroit. In Detroit dreht sich alles ums Auto. So einfach ist diese Stadt zu beschreiben. Im ganzen Land ist diese Stadt als Autostadt bekannt. Aber sie hat auch andere Namen. Der bekannteste ist sicherlich "Motown", nach dem gleichnamigen Plattenlabel, das so bekannte Sängerinnen und Sänger wie Diana Ross und Stevie Wonder produziert hat, bevor die Firma aus ihrem Studio an der Woodward Avenue nach Los Angeles umzog. Detroit ist aßerdem bekannt als einzige Stadt in den USA, die nördlich der kanadischen Grenze liegt. Besucher sind meistens überrascht, wenn Sie südlich über die Ambassador Bridge fahren müssen, um nach Windsor im kanadischen Ontario zu gelangen.

Detroit und seine Vorstädte haben viele Gesichter: manche sind schön, manche zu Unrecht verurteilt – vor allem aber ist Detroit allgemein nicht als Sightseeingstadt bekannt. Detroit ist die sechstgrößte Stadt der Vereinigten Staaten und trotz ihrer Größe liegt sie für viele Reisende abseits der Reiseroute. Außerhalb der Großstadt kommen Sie ohne Umschweife in ländliche Umgebung. Sanfte Hügellandschaften und die Seen des nördlich gelegenen Oakland County, die Hafenstädte St. Clair und Port Huron, die Kultur von Ann Arbor, Sitz der Universität von Michigan.

DETROIT

Bis in die 80er Jahre des 19. Jahrhunderts hinein gaben in Detroit die Farmer den Ton an, bevor die ersten Automobile auf der Bildfläche erschienen. Das war zu der Zeit, als Ransom E. Olds und Henry Ford ihre ersten Experimente mit "pferdelosen Kutschen" machten. 1903 hatte Ford die Ford Motor Company gegründet, und mit der Einführung des Fließbandes und der Einführung des Model T, des "Autos für den kleinen Mann", war der Grundstein für Detroit als Autostadt gelegt.

Autos sind in Detroit sozusagen ein *way of life*. Michigan nimmt für sich in Anspruch, die erste zementierte Meile Autobahn (1909), die erste Verkehrsampel (1915) und den ersten Highway ohne Stopzeichen (1942) zu haben.

Der Südosten

VERKEHRSMITTEL

Das Verkehrsmittel der Stadt Detroit ist der **People Mover,** dessen Wagen hoch über den Straßen von Downtown entlangschweben. Die Bahnstrecke wurde 1987 nach etlichen Jahren kontroverser Verspätungen und Verteuerungen in Betrieb genommen. Die automatisch gesteuerten Wagen der Schwebebahn halten alle drei Minuten an 13 Haltestellen, die allesamt mit hübschen Mosaiken oder anderen Kunstwerken geschmückt sind. Während der Rundfahrt, die nur 50 Cents kostet und lediglich 14 Minuten dauert, bekommen Sie einen tollen Überblick über Downtown. Am allerschönsten ist es, wenn es um die Cobo Hall herumgeht und die Passagiere einen Panoramablick über den Detroit River und die Skyline von Windsor, der kanadischen Stadt im Süden, haben. Der beliebteste Stop ist **Greektown Station.** Wer hier aussteigt, ist in einer griechischen Taverne in der Monroe Street zum Dinner verabredet oder möchte in einer der Bäckereien ein Stückchen Baklava kaufen.

Wenn Sie Zeit mitgebracht haben, hüpfen Sie doch mal auf die **Downtown Trolley.** In der Geschichte Detroits gab es eine Zeit, in der Straßenbahnen nichts Umgewöhnliches waren, aber 1956 verschwand die letzte Bahn aus dem Straßenbild und wurde nach Mexico City verkauft. In den frühen 70er Jahren überzeugte ein Stadtplaner die Detroiter Offiziellen von der Idee, alte Straßenbahnen wieder einzuführen. Bei der weltweiten Suche wurde man schließlich in Lissabon fündig, wo 70 Jahre alte Wagen gerade durch modernere ausgetauscht wurden. Die Stadt bekam fünf geschlossene Wagen und einen ohne Verdeck, und nach 20 Jahren fuhren endlich wieder Straßenbahnen durch die Stadt. 1980 wurde die Strecke auf 1,5 Kilometer verlängert und die Stadt Detroit machte ihren wertvollsten Ankauf: einen von nur vier alten Doppeldeckerwagen, die auf der Welt noch im Einsatz sind. Die anderen fahren in London, Kairo und Hongkong. Dieser Wagen ist wirklich einzigartig: Da die obere Etage nicht überdacht ist, haben Sie von hier aus (vor allem an einem lauen Sommerabend) eine tollen Ausblick auf Downtown.

PEOPLE MOVER

Montags bis donnerstags von 7–23 Uhr, freitags bis 24 Uhr, samstags 9–24 Uhr, sonntags 12–20 Uhr.

DOWNTOWN TROLLEY

Die Wagen verkehren auf dem Washington Boulevard und der Jefferson Avenue zwischen Grand Circus Park und Renaissance Center. Entlang der Strecke gibt es 14 Haltestellen. Fahrbetrieb montags bis freitags 7–18 Uhr, samstags und sonntags 10–18 Uhr. Zu bestimmten Anlässen bis 23 Uhr.

INFORMATIONEN

GREATER DETROIT CHAMBER OF COMMERCE

600 West Lafayette Boulevard, Detroit, MI 48226, Tel. 213/964-4000, FAX 313/964-0531.

EASTERN MARKET

Die Anwesen der Autobarone sollten jedoch nicht darüber hinwegtäuschen, daß Detroit vor allem als ethnisch vielfältige Arbeiterstadt bekannt ist. Die Bewohnerinnen und Bewohner von Detroit sind stolz auf ihre Stadt, auf ihre Küchen, auf ihre Musik und auf ihre Traditionen. Dieser Stolz wird bei einem Besuch des **Eastern Market** ganz besonders deutlich. Zwei Hallen, eine überdacht, eine *open air,* beide mit riesigen Malereien an den Außenwänden, bilden das Herz des Marktes. Dienstags und samstags ist hier der Teufel los: Farmer, Einkäufer und Endverbraucher handeln um die günstigsten Preise für Gemüse, Früchte, Blumen, Käse und Fleisch.

Auch wenn Sie nichts kaufen wollen, lohnt sich ein Spaziergang über den Markt, denn hier wird alles nur denkbare verkauft, von der hausgemachten Bratwurst bis zum lebenden Hasen. Rund um den Marktplatz herum befinden sich Fleischer- und Fischläden sowie Geschäfte, die sich auf den Verkauf von Gewürzen, Nüssen und importierten Lebensmitteln spezialisiert haben.

Das älteste Geschäft, **R. Hirt Jr. Company,** befindet sich in einem dreistöckigen Ziegelsteingebäude, von dem aus man den ganzen Markt überblicken kann. Rudolph Hirt Jr. begann sein Geschäft 1887 mit einem kleinen Stand auf dem alten Detroiter Central Market, wo er Eier, Butter und Käse von heimischen Farmern verkaufte.

Als die Grundstückspreise zu teuer wurden, um dort weiterhin einen Markt abzuhalten, war Hirt einer der ersten, der auf dem neuen Eastern Market im Jahre 1892 ein Ladengeschäft eröffnete. Das Gebäude gibt es heute noch und auch das alte hölzerne Käseregal, das immer noch benutzt wird. Ein wesentlich größeres gibt es natürlich auch, aber das befindet sich im ersten Stock des Gebäudes. 40 Prozent von Hirt's Geschäft ist Käseverkauf: Es gibt mehr als 250 Sorten, vom beliebten Schweizerkäse und französischem Brie bis zu kaum bekannten Sorten wie Rohmilchkäse aus Michigan, der auf der Halbinsel im Norden hergestellt wird. Außerdem gibt es hier Cracker und Kekse, Tee, Wurst, Marmelade, und mindestens 30 verschiedene Sorten Senf, Olivenöl und andere kulinarische Leckereien.

Im zweiten Stock werden geflochtene Körbe in allen Größen und Verarbeitungen angeboten. Sie können also zunächst einen Korb erstehen, ihn dann mit allen möglichen leckeren Dingen füllen und anschließend irgendwo ein tolles Picknick machen. Samstage sind mit Abstand am geschäftigsten, Sie sollten also Zeit mitbringen.

R. HIRT JR. COMPANY

2468 Market Street (Windsor Street), Tel. 313/567-1173. Montags bis freitags 8–15 und samstags 7–14 Uhr.

EASTERN MARKET

2530 Market Street, Downtown Detroit (von der Interstate 75 Abfahrt Mack Avenue), Ecke Russell Avenue.

CONEY ISLAND

Coney Island Hot Dogs und Baseball sind aus den sommerlichen Ritualen der Detroiter nicht wegzudenken. Seit 1900 gibt es das Tiger Stadium, auch Bennett Park genannt, in dem die Baseballprofis ihr Zuhause haben. Obwohl es mehrmals renoviert und umbenannt wurde, hat es seine Atmosphäre behalten und die Fans fühlen sich während des Spiels mit einbezogen und nicht nur als passive Zuschauer wie in vielen anderen Stadien. Es gibt immer wieder Vorstöße, das Stadion zu überdachen oder ein moderneres zu bauen, aber die Detroiter sprechen sich unisono gegen neue Projekte aus und beteuern ihre Liebe zum alten, für amerikanische Verhältnisse beinahe historischen Gebäude.

Detroit's Vorzeigelokal für Hot Dogs heißt **Lafayette Coney Island** und ist eine Institution. Die Hot Dogs werden mit Wagenladungen voller Zwiebeln, Chili und Senf serviert, außerdem gibt es hier Hamburger und Bohnensuppe – alles serviert auf billigem Steingutgeschirr, Plastiktischdecken und natürlich mit Papierservietten. Wenn Sie um Mitternacht einkehren, kann es passieren, daß Sie Gäste in Smoking und Abendkleid neben Baseballfans in T-Shirts einträchtig nebeneinandersitzen sehen.

LAFAYETTE CONEY ISLAND

Lafayette Avenue (Ecke Michigan Avenue, Nähe Kennedy Square), Tel. 313/964-8198. Täglich rund um die Uhr geöffnet.

TIGER STADIUM

Michigan Avenue (Ecke Trumbull Avenue), Tel. 313/962-4000. Die Detroit Tiger spielen von April bis September. Tickets an der Stadionkasse oder per Reservierung unter o.g. Telefonnummer.

MUSEEN

Auf dem **Detroit River,** einer Verbindung zwischen dem Lake St. Clair und dem Lake Erie, kamen 1701 die ersten französischen Siedler an. Noch heute ist der Fluß das Zentrum vieler Aktivitäten – an seinem Ufer liegen viele Parks und einer von ihnen, **Belle Isle,** befindet sich sogar in der Flußmitte. Über eine Brücke am Grand Boulevard ist das **Belle Isle Aquarium** zu erreichen, das 1904 der Öffentlichkeit übergeben wurde und eines der ältesten Frischwasseraquarien des Landes ist. Hier gibt es tausende von Fischen in großen Tanks, von Piranhas über einen Alligator bis zu gewöhnlichen Barschen und Regenbogenforellen. Eines der beliebtesten Aquarien ist das mit dem Zitteraal. Bei der Fütterung wird ein Mikrofon in das Wasser gehalten und die von dem Aal erzeugte Elektrizität hörbar gemacht.

Beinahe nebenan, ebenfalls auf der Insel, ist das **Dossin Great Lakes Museum,** in dem die Geschichte der Great Lakes dargestellt wird. Ein Höhepunkt der Ausstellung ist die gut erhaltene Landungsbrücke eines Frachters – mit Ausblick auf den Detroit River.

Weniger bekannt und näher an der Stadtmitte gelegen ist der **Chene Park,** mit einem Freilichttheater, einer Uferpromenade und einem kleinen Teich. Dieser hübsche kleine Park ist ein beliebter Ort zum Angeln, zum Picknicken oder um eines der Sommerkonzerte zu genießen, von denen die meisten kostenlos sind. Wenn Sie sich über die Veranstaltungen informieren möchten, rufen Sie Tel. 313/224-1185 an.

Mit Kindern sollten Sie das **Omnimax Theatre** im **Detroit Science Center** besuchen. Es liegt im Detroit Cultural Center, zu dem auch das bekannte Detroit Institute of Art gehört. Seit dem Bau im Jahre 1978 war das Omnimax

Theatre der Höhepunkt eines Besuches. Das mit einer Domkuppel überspannte Theater war das zweite, das in den USA gebaut wurde und ist heute noch das einzige in Michigan. Unter dieser rund 20 Meter Durchmesser zählenden Domkuppel wird ein 70mm-Film gezeigt. Durch die seitliche Sicht auf die gebogene Leinwand wird eine größere Klarheit und Detailgenauigkeit erreicht und viele halten Omnimax für das beste Bildsystem überhaupt. Die Filme werden halbjährlich ausgetauscht und handeln unter anderem von einem Trip zur Antarktis, dem Great Barrier Reef oder von einer Segelpartie mit Dennis Connor beim Rennen um den America's Cup. Egel jedoch, welcher Film gezeigt wird, sicher ist, daß Sie sich vor Spannung an ihrer Armlehne festhalten werden und "The Max" begeistert und mit wackligen Füßen verlassen werden. In der ersten Etage bietet das Wissenschaftsmuseum mehr als 50 Ausstellungsstücke, die *hands on* erkundet werden können.

Der bekannteste Ort, um sich mit der Geschichte des Automobils und seines Einflusses auf den *american way of life* vertraut zu machen, ist das **Greenfield Village & Henry Ford Museum** (Tel. 313/271-1620). Mit 100 historischen Gebäuden ist es das größte Museum in den USA. Wenn Sie sich mehr für das Leben der Autobarone selbst interessieren, besuchen Sie eines ihrer Herrensitze, die heute von Vereinen oder Stiftungen unterhalten werden. **Fairlane,** das Anwesen von Henry Ford, hat 56 Zimmer und liegt in der Nähe der Universität von Michigan-Dearborn. Es wurde 1915 zur damals astronomisch hohen Bausumme von 1.8 Millionen Dollar gebaut und spiegelt Fords Vorliebe für den Funktionalismus. Hier gingen Prominente wie der Erfinder Thomas Edison, Präsident Herbert Hoover und Flugpionier Charles Lindbergh ein und aus. Der Rundgang beginnt im Keller bei den großen Turbinen und Generatoren, die Ford zusammen mit seinem Freund Edison erfunden hatte, und die das ganze Haus mit Strom und Heizung versorgen.

Von außen betrachtet sieht das Haus, verglichen mit anderen Anwesen, ziemlich einfach aus. Drinnen jedoch gibt es verschwenderischen Luxus wie zentral gesteuerte Staubsauger, eine Telefonanlage mit 65 Anschlüssen, eine Bowlinganlage und einen Swimmingpool, der bei Bedarf in ein kleines Restaurant umgewandelt werden kann. Am 7. April 1947 trat der Rogue River über seine Ufer und überflutete die Stromanlage des Hauses. In dieser Nacht starb Henry Ford an einer Gehirnblutung; bei Kerzenlicht – ohne Heizung, ohne Licht und ohne Telefon.

In Greenfield Village >>

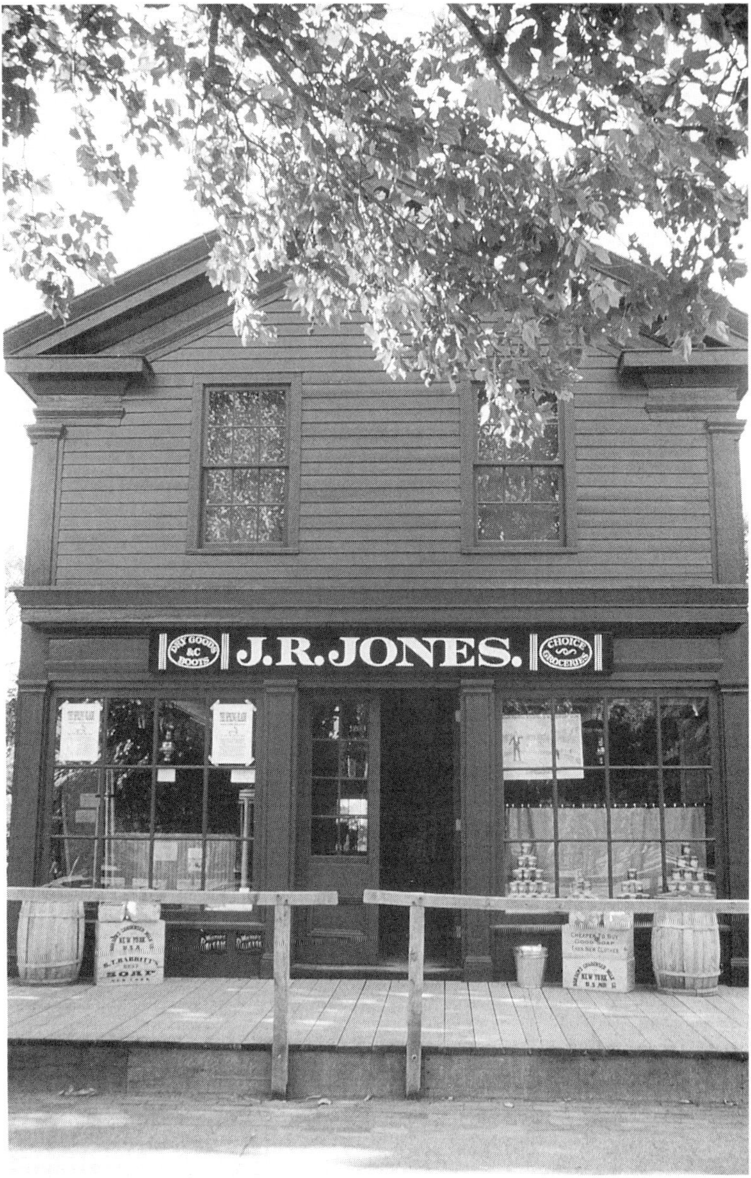
DRY GOODS &C BOOTS
J.R.JONES.
CHOICE GROCERIES
SOAP
CHEAPER TO BUY GOOD SOAP THAN NEW CLOTHES
NEW YORK

Für die meisten US-Amerikaner ist Detroit einfach nur "Motor City", für Musikliebhaber wird es jedoch immer nur **Motown** sein, Geburtsstätte der berühmten Schallplattenfirma, die Berry Gordy jr. im Jahre 1960 gründete. Gordy fing das ganze Unternehmen mit 800 Dollar in einem kleinen Studio an, das sich hinter seinem Haus am Grand Boulevard befand. Hier, im Studio A, entstand der typische "Motown Sound" durch Leute wie Marvin Gaye, die Miracles, Gladys Knight and the Pips, die Supremes, die Jackson 5 und einen höchst talentierten blinden Sänger namens Steveland Morris Hardaway, heute bekannt als Stevie Wonder. Schließlich wurde an der Studiotür das Schild "Hitsville U.S.A." angebracht und Motown mietete sieben zusätzliche Gebäude in derselben Straße an, bevor man schließlich nach Woodward umzog.

Bis 1972 wurden hier Platten produziert, dann ging die Firma nach Los Angeles. Übriggeblieben ist das Motown Museum: In zwei nebeneinanderliegenden Häusern sehen Sie Goldene Schallplatten, alte Albumcover, Pressefotos und ein paar Kostüme von den Temptations. Nicht zu vergessen natürlich die Musik, die ununterbrochen durch die Räume schallt.

FAIRLANE

Vom Southfield Expressway in südlicher Richtung auf die Michigan Avenue und dann nördlich auf die Greenfield Road, wo der Campus dann ausgeschildert ist. Tel. 313/593-5590. Geführte Touren werden ganzjährig sonntags von 13 bis 16 Uhr durchgeführt. April bis September täglich geöffnet; Touren stündlich von 10 bis 15 Uhr.

MOTOWN MUSEUM

2648 West Grand Boulevard (zwei Häuserblocks westlich des GM Building, New Center, von der U.S. 10 Abfahrt West Grand Blvd.), Tel. 313/875-2264. Montags bis samstags 10–17, sonntags 14–17 Uhr.

BELLE ISLE AQUARIUM

Auf der Insel im Detroit River, Tel 313/399-0903. Täglich 10–17 Uhr. Fütterungen um 10.30, 12.30 und 14.30 Uhr. Eintritt frei.

DOSSIN GREAT LAKES MUSEUM

Auf der Belle Isle, Tel. 313/267-6440. Mittwochs bis sonntags 10–17.30 Uhr.

DETROIT SCIENCE CENTER

Von der Interstate 75 Abfahrt Warren Avenue (westlich). Tel. 313/577-8400. Montags bis freitags 10–14 Uhr, samstags und sonntags 12–18 Uhr.

PARK

1975 eröffnete das Michigan Department of Natural Resources den Maybury State Park auf einer bereits existierenden Farm in der nordwestlichen Ecke von Wayne County. Es war sicherlich ein ungewöhnlicher Ort für einen Park, aber Maybury ist nun mal auch ein ungewöhnlicher Park. Die Idee war, einen bewirtschafteten Bauernhof in der Nähe der Großstadt zu erhalten, so daß deren Bewohner, vor allem jedoch Kinder, die nie eine Farm gesehen hatten, mit einer vertraut gemacht werden konnten. Zu der Farm gehören mehrere Scheunen, in denen die Besucher ganz nahe an die Hühner, Schweine, Kühe, Schafe, Pferde und andere typische Bauernhof-Tiere herangehen können. Außerdem ist altes Arbeitswerkzeug zu sehen, das mittlerweile natürlich durch moderne Maschinen ersetzt wurde. Kinder können nicht nur bei der Fütterung der Tiere helfen sondern auch neugeborene Hühner unter der Brutlampe bestaunen, Traktoren vorbeifahren sehen und wuchtige Arbeitspferde beim Pflügen bewundern. In dem großen dazugehörigen Park gibt es auch Naturlandschaften wie Wiesen und Wälder mit Wander- und Fahrradwegen. Ein Reitstall vermietet für einem Ausritt, im Winter können Sie Skier für einen zünftigen Langlauf durch die Botanik mieten.

MAYBURY STATE PARK
Eight Mile Road, 5 Meilen westlich der Interstate 275, Tel. 313/349-8390. Die Farm ist im Sommer täglich 10–19 Uhr, im Winter bis 17 Uhr geöffnet.

ANN ARBOUR

In trendy Ann Arbor, der kulturellen Hauptstadt des Südostens – manche behaupten gar des gesamten Staates – befindet sich die University of Michigan, auch "Harvard of the West" genannt. Die Universität dominiert die Stadt; ihre Gebäude und der Campus sind über die ganze Stadt verstreut. An der Universität sind auch die Top-Attraktionen von Ann Arbor zu finden, darunter das **Kelsey Museum of Archaelogy** mit einer nahmhaften Sammlung von Kunstgegenständen ägyptischer, griechischer, romanischer sowie mediterraner Kulturen. An Samstagen im Herbst spielt die Universitätsmannschaft in einem der größten Stadien Michigans Football und wird dabei von mehr als 100.000 Fans angefeuert.

Für Kinder ist das **Ann Arbor Hands-On Museum** von großem Interesse. Hierbei handelt es sich nicht um eines der üblichen mit unendlich vielen Glasvitrinen gefüllten Museen. *Learning by doing* heißt hier die Devise und mehr als 80 Ausstellungsstücke auf vier Stockwerken stehen zum Anfassen und Experimentieren bereit. Unter anderem ein Sandpendel, eine Art aufgehängter Trichter, der mit Sand gefüllt und bewegt wird um dann schließlich mit dem Sand verschiedene Muster zu kreieren. Außerdem gibt es die Luftblasenkapsel – hierbei stellen sich die Leute in einen Schmierseifenring und heben einen Zylinder hoch bis er irgendwann platzt. Bei einigen Ausstellungsstücken hantieren die Besucherinnen und Besucher mit Computern und bekommen es mit komplexen Theorien zu tun; andere wiederum sind so simpel wie die "Wunderschachtel": Das Kind steckt eine Hand hinein und versucht zu erraten, was es gerade anfaßt. Daß die einzelnen Ausstellungsstücke ausführlich erklärt werden, wissen vor allem die Erwachsenen zu schätzen.

ANN ARBOR HANDS-ON MUSEUM
Huron Street (Ecke Fifth Avenue), über die US-23 (Main Street) Richtung Washtenaw Avenue, Tel. 313/995-5437. Dienstags bis freitags 10–17.30 Uhr, samstags 10–17 Uhr und sonntags 13–17 Uhr. Geeignet für Kinder ab acht Jahren.

OAKLAND COUNTY

In Birmingham um 15 Uhr: Sie nippen aus feinsten Porzellantäßchen am Tee, auf dem Tisch steht ein schöner Blumenstrauß, Kuchen und andere verführerische Leckereien werden auf Silbertellern präsentiert, das Feuer lodert im marmornen Kamin und ein befrackter Pianist spielt leise Töne. Teestunde im **Townsend Hotel.** Im vornehmsten Hotel Detroits, dazu im elegantesten Vorstadtviertel, findet dieses Ritual jeden Nachmittag statt. Das Hotel wurde 1988 fertiggestellt und hat 87 Zimmer und 52 Suiten auf drei Stockwerken. Unter den Gästen waren unter anderem Madonna, Michael Jackson, Paul McCartney und die New Kids on the Block. Und eigentlich jeder Entertainer, der in Detroit auftritt, pflegt im Townsend abzusteigen. Lassen Sie sich den Fünf-Uhr-Tee nicht entgehen. Wer weiß? Vielleicht sitzt Ihnen ja Billy Idol gegenüber.

Weiter im Südosten der Stadt geht es nach Pontiac und wenn Sie weiterfahren, umgibt Sie bald eine ländliche, hügelige Idylle mit Seen und Wäldern. In Nord-Oakland, weniger als eine Stunde Fahrt von der City entfernt, finden Sie sich in einer anderen Welt wieder. Vielleicht sogar auf der Veranda einer rustikalen Hütte an einem kleinen See, umgeben von Wald und Rehen. Können Sie haben: **Roston Cabin** in der Holly Recreation Area ist genau das Richtige für einen Wochenendtrip. Die Hütte ist abgelegen, nicht besonders groß, ziemlich rustikal aber ungemein gemütlich. Abenteuerurlaub mitten im Wald – wenn sie mal Ihren Leihwagen vergessen, der in der Einfahrt parkt. Die Familie Roston baute die Wochenendhütte in den frühen 40er Jahren, später ging sie in den Besitz der Parkverwaltung über, die sie seit 1984 vermietet. Dic Wändc bcstchcn aus dickcn Holzbalken, die Böden aus abgeschliffenen Dielen und an den Fenstern hängen rotkarierte Vorhänge. Elektrizität ist vorhanden: die Küche ist mit einem elektrischen Herd und einem Kühlschrank ausgestattet. Dazu Tisch, Bänke und ein Holzofen. Das Schlafzimmer ist mit Etagenbetten und einem Kamin ausgestattet. Auf der zweiten Ebene, dem wärmsten Teil der Hütte, gibt es noch eine Loft mit weiteren Schlafgelegenheiten. Draußen finden Sie dann die Toilette, das gestapelte Brennholz, eine Handpumpe für das Wasser und einen Barbecuegrill. Die beliebteste Zeit für einen Aufenthalt in der Hütte ist erstaunlicherweise der Winter. Dann kommen viele Familien zum Skilanglauf heraus. Als Loipen dienen die ungeräumten Parkstraßen rund um den See.

TOWNSEND HOTEL

Townsend Street (im Detroiter Stadtviertel Birmingham), Tel. 313/642-7900.

ROSTON CABIN

Holly Recreation Area, Tel. 313/634-8811. Von der Interstate 75 nehmen Sie Exit 101 und fahren westlich auf die Grange Hall Road. Unbedingt reservieren.

HOLLY

Viele fahren von der Interstate 75 an der Ausfahrt Grange Hall Road in westlicher Richtung ab, um sich die historische Stadt **Holly** im Landkreis Oakland anzusehen. Bis 1855 war Holly ein verschlafenes Dörfchen, doch dann wurde die Bahnlinie von Detroit nach Milwaukee gebaut. 25 Züge rauschten täglich durch den schnell wachsenden Ort, der auf diese Weise zu unverhofftem Reichtum kam. Auf der **Martha Street** in der Nähe des Bahnhofs lagen das **Holly Hotel,** viele Saloons und natürlich gab es auch viele Schlägereien. 1880 kam es zu einer üblen Rauferei zwischen einheimischen Rowdies und den Mitgliedern eines reisenden Zirkus – seitdem wurde die Straße nur noch **Battle Alley** genannt.

Der berühmteste Augenblick in der Geschichte der Straße war jedoch der 28. August 1908, als Carry A. Nation, die bekannte "Kansas Saloon Smasher" auf Bitte des örtlichen Prohibitionskommitees nach Holly kam. Mit einem Regenschirm in der Hand, andere Alkoholgegner einige Schritte hinter sich, stürmte sie die Saloons, zerschlug Whiskeyflaschen, prügelte Barkeeper und predigte über die Sünden des "Dämon namens Rum". Den größten Aufruhr gab es allerdings im Hotel, wo sie das Séparée betrat und das über der Bar hängende Gemälde einer Nackten angriff.

Dieser denkwürdige Tag wird jeweils am zweiten Wochenende im September mit dem **Carry Nation Festival** gefeiert. Es gibt eine Neuinszenierung der damaligen Vorgänge, eine Parade, Stände mit Kunstgewerbe, viel Essen und natürlich auch etwas von dem Zeug, gegen das Frau Nation so vehement vorgegangen war. Die über 100 Jahre alten viktorianischen Häuser in der Battle Alley wurden zu zwölf wunderschönen Läden restauriert, in denen Sie unter anderem Trödel kaufen können.

Das 1891 erbaute **Holly Hotel** überstand zwei Feuer, wurde aber komplett restauriert – das zerstörte Gemälde der Nackten inbegriffen. Jetzt ist das Hotel im National Register of Historic Places gelistet. Übernachten kann man hier nicht, dafür aber hervorragend essen. Serviert werden eine klassische sowie eine kreative neue Küche, alles im Ambiente viktorianischer Zeit. Der Hauptspeisesaal mit seinen podestgleichen Tischen, dem warmen Schein der Gaslampen und den mit rotem Samt bespannten Stühlen bietet die Bühne für Speisen wie Rindermedaillons mit Pilzsauce,

Beef Wellington und sautierte Regenbogenforelle aus Michigan. Das Restaurant stellt auch Picknickkörbe zusammen. Sie sind nicht nur mit Vorspeise, Hauptgericht, Dessert und Wein gefüllt, sondern auch mit Tischdecke, Tellern, Kerzen und einer Landkarte, auf der alle schönen Picknickplätze eingezeichnet sind.

HOLLY HOTEL

Battle Alley, Tel. 313/634-5208. Öffnungszeiten des Restaurants: Montags bis samstags 11.30–15 Uhr (Lunch), montags bis donnerstags 17–20 Uhr (Dinner), freitags und samstags 17–23 Uhr und sonntags 12–20 Uhr. Reservierungen sind empfehlenswert. Ein Abendessen kostet zwischen 16 und 25 Dollar.

MACOMB COUNTY

Im Herbst, wenn die Äpfel reif sind, wird nördlich von Detroit im Südosten Michigans Cidre hergestellt. Viele Familien machen sich dann zu einer der Herstellungsstätten auf, die meistens an einem Fluß gelegen sind, wo ein großes altes Wasserrad die Äpfel zermalmt. Daraus entsteht ein dunkelbrauner Saft, der dann zu Cidre raffiniert wird, einer der kulinarischen Köstlickeiten Michigans. Nachdem sie bei diesem Prozess zugesehen haben, erstehen die Besucher Becher voller Cidre, Zimtkrapfen und mit Karamel überzogene Äpfel. Mit diesen Köstlichkeiten gehen sie dann zum Fluß hinunter und lassen es sich inmitten der leuchtenden Herbstfarben eines warmen Indian Summer und dem vorüberziehenden Duft der gepressten Äpfel gutgehen.

In der Umgebung Detroits sind viele Cidremühlen zu finden. Eine der ältesten liegt westlich von Rochester in der Avon Road (23 Mile Road). Die **Yates Cider Mill** wurde 1863 am Clinton River erbaut, ursprunglich als Körnermühle. Von Anfang an war sie von Wasser betrieben und noch heute erzeugt das Wasser Elektrizität, so daß die Äpfel zerkleinert und gepresst werden können. Pro Stunde werden über 1.000 Liter Cidre hergestellt, die allesamt von den Besuchern der Mühle ausgetrunken werden. Gleich über die Straße hinweg liegt der Clinton River, der zur Rochester-Utica Recreation Area gehört.

Wenn Yates Cider Mill Ende Mai schließt, bietet sich als Attraktion in Macomb County der **Mount Clemens Train** an. Die Tickets werden im ehemaligen Zugschaffnerabteil verkauft, das gleichzeitig als Ersatzteillager fungiert. Ein Pfiff und ein "all aboard" vom Zugführer rufen zum Einsteigen auf und die 45minütige Fahrt mit dem Zug, begleitet von Banjomusik aus dem Lautsprecher, kann beginnen. Beim **Military Air Museum** auf der Selfridge Air National Guard Base wird ein einstündiger Stop eingelegt. Hier sind neben einer Vielzahl von Ausstellungsstücken alte Flugzeuge der Luftwaffe und der Marine zu sehen.

YATES CIDER MILL

Rochester-Utica State Recreation Area, Avon Road, Tel. 313/651-8300. September bis November täglich 9–19 Uhr, Dezember bis Mai jeweils samstags und sonntags 12–17 Uhr.

MOUNT CLEMENS TRAIN

Gratiot Avenue (nördlich von Joy Boulevard in Mount Clemens), Tel. 313/466-5035. Abfahrten Mitte Mai bis Ende September um 13, 14, 15 und 16 Uhr. Der 16-Uhr-Zug hält nicht am Militärmuseum.

ST. CLAIR COUNTY

Der Landkreis St. Clair nordöstlich von Detroit wird auch "Blue Water Region" genannt, weil er im Süden vom Lake St. Clair, im Norden vom Lake Huron und im Osten vom St. Clair River begrenzt wird. Der Highway 29 führt direkt am St. Clair River entlang nach **Port Huron** – durch kleine Dörfer hindurch, an vielen Angelshops, Marinas und Tavernen vorbei, in denen es lecker zubereiteten frischen Fisch gibt. Die charmanteste Stadt in dieser Gegend ist **St. Clair,** 15 Meilen südlich von Port Huron gelegen. Zu Beginn des Jahrhunderts war St. Clair ein bedeutendes Zentrum für den Schiffsbau.

Downtown St. Clair ist vor einigen Jahren gründlich restauriert worden. Der **Palmer Park** soll angeblich eine der längsten Uferpromenaden der Welt haben, die an einem Fluß liegen. Lieblingsbeschäftigung vieler ist es, die Frachter mit Ziel Great Lakes zu beobachten. Die fahren so dicht vorbei, daß das massive Schiff mitsamt Crew genau in Augenschein genommen werden kann. Zweitliebste Beschäftigung ist das Angeln. Hier wird der "Walleye" aus dem Naß gezogen und den ganzen Sommer über versuchen Angler mittels kleinerer Lockfische und Leinen den begehrten Flußfisch zusammenzutreiben und herauszufischen. Auf den Wiesen oberhalb des Fußweges werden Mitte Juni die Stände für die populäre **St. Clair Art Fair** aufgebaut. Das genaue Datum erfahren Sie unter Tel. 313/329-9576. Im Norden hört die Promenade am **St. Clair Inn** auf, einem historischen Hotel, von dessen Restaurantgarten Sie den Fluß überblicken können.

Port Huron hat 30.000 Einwohnerinnen und Einwohner. Attraktion der Stadt ist unter anderem die **Bluewater Bridge,** die Michigan mit Sarnia in Ontario/Kanada verbindet. Außerdem findet hier Ende Juli das Port Huron-Mackinac Segelbootrennen statt. Am Vorabend der Veranstaltung, **Boat Night** gennannt, finden in Downtown zwischen Water Street, Lakpeer Street und Quay Street, die die Docks am Black River begrenzen, unzählige Parties statt. Segler, Einheimische und Touristen feiern ein Straßenfest, das sich manchmal sogar bis auf die Segelboote ausdehnt.

In Port Huron gibt es viele imposante Häuser. Eines von ihnen ist **The Victorian Inn,** in einem Viertel gelegen, in dem überwiegend Anwesen aus dem 19. Jahrhundert stehen. Das Haus wurde 1896 von James Davidson erbaut, der in Port Huron mit Stoffen handelte. Zwei Familien erwarben das Haus 1983 und eröffneten darin ein Feinschmeckerrestaurant, einen Pub sowie eine Pension. Das Gebäude ist ein klassisches Beispiel für Handwerkskunst im 19. Jahrhundert und steht im State Register of Historic Places.

Nur einen kurzen Spaziergang entfernt befindet sich das **Port Huron Museum of Arts and History.** Es ist eine Kombination aus Kunstgalerie und Sammlerstücken aus der Naturgeschichte sowie Port Hurons Vergangenheit. Zu sehen sind unter anderem Knochen und Displays von prähistorischen Mammuten, die vor 10.000 Jahren durch Michigan stampften sowie Erinnerungsstücke aus Thomas Edisons Elternhaus, das sich in Port Huron befand. Eine beliebte Sehenswürdigkeit ist die Kapitänskabine eines Great-Lakes-Frachters. Besucher können das Steuerrad bedienen, die Alarmsirene erklingen lassen und die Glocke für den Maschinenraum läuten. Ein riesiges Wandgemälde vermittelt den Eindruck, als würde man tatsächlich einen Frachter auf den Lake Huron hinaussteuern.

THE VICTORIAN INN

1229 Seventh Street, Tel. 313/984-1437. Öffnungszeiten des Restaurants: Dienstags bis samstags 11.30–13.30 Uhr und 18–21 Uhr. Reservierungen werden empfohlen. Abendessen für eine Person zwischen 15–25 Dollar.

PORT HURON MUSEUM OF ARTS AND HISTORY
1115 Sixth Street, Tel. 313/982-0891. Mittwochs bis samstags 13–16.30 Uhr.

THE THUMB

Zwischen der Saginaw Bay im Westen und dem Lake Huron im Osten liegt "The Thumb", der Daumen. Die Beinahe-Halbinsel ist bekannt für ihre ländliche Isolation, vor allem bei solchen, die Urlaub vom der Hektik des Alltags machen wollen. Aus diesem Grund wird "The Thumb", der aus vier Landkreisen besteht, auch als "The Getaway close to Home" bezeichnet. "Home" in diesem Falle bedeutet höchstwahrscheinlich Detroit, Flint oder Saginaw, alle drei Großstädte liegen weniger als zwei Stunden mit dem Auto entfernt. Trotz der Nähe ist "The Thumb" wie eine andere Welt. Hier, wo es anstelle von Autobahnen nur noch Landstraßen gibt, wo nicht voneinander zu unterscheidende Vorstädte in kleine Dörfer übergehen, hier wird die Hektik der Stadt durch ländlichen Charme ersetzt.

Nightclubs gibt es hier nicht, auch keine Skylines oder Symphonieorchester. Stattdessen gibt es 140 Kilometer Küste zu genießen, kleine Museen zu besichtigen und einen langsameren *way of life* zu entdecken, der die Seele massiert und den städtischen Geist zur Ruhe bringt.

Holzfabriken gibt es in dieser Region seit dem frühen 19. Jahrhundert, aber als die Bäume alle gefällt und die Holzfäller in den Norden abgewandert waren, wurde die Gegend zunehmend landwirtschaftlich genutzt. Noch heute werden hier Mais, Rote Beete, Getreide und Bohnen angebaut. Und an dem saftigen Gras erfreuen sich die großen Kuhherden.

In den letzten Jahren wurde der Touristendollar für die Wirtschaft der Region immer wichtiger, aber so viele Motels und Eisbuden wie am Lake Michigan wird es hier wohl nie geben. Vom sommerlichen Urlauberverkehr liegt die Gegend weit entfernt und viele Reisende kommen gerade wegen der schönen Strände, der ländlichen Märkte und pittoresken Leuchttürme her.

The Thumb

LAPEER COUNTY

Daß die Gegend im "Thumb" flach sei, ist eine weit verbreitete Fehleinschätzung vieler Einwohner von Michigan. Eine Fahrt durch den Landkreis Lapeer beweist das Gegenteil. Die Hügellandschaft von Nord-Oakland setzt sich gen Norden bis ins Innere der Halbinsel fort. Im südlichen Lapeer County hat diese Landschaft sogar etwas Besonderes zu bieten: Hier liegt eine Pferdefarm neben der anderen, fein säuberlich durch weiße Weidepfähle markiert. Folgen Sie der Landstraße 62 zwischen M-24 und M-53 und Sie kommen an vielen Pferdefarmen vorbei. Im späten Frühling, wenn das Gras besonders grün und die Zäune frisch gestrichen sind, sehen Sie die Mutterstuten mit ihren Fohlen auf den Wiesen herumtollen.

Inmitten der Koppeln und Pferdefarmen liegt das kleine Dorf **Metamora** mit nur 500 Einwohnerinnen und Einwohnern. Überragt wird es von der Kirchturmspitze der Pilgrim Church, die 1878 entstand. Die ersten Siedler waren zwar schon 1838 in die Gegend gekommen, aber bekannt wurde Metamora erst als Stop der Postkutschenroute, die 1872 zur Eisenbahnstrecke Detroit-Bay City wurde. Ob die Reisenden nun mit der Postkutsche oder mit dem Zug kamen, die Unterkunft war dieselbe: ein großes Kutschendepot an der Ecke der County Road 62 und der Metamora Road. Damals wurde es das Hoard House genannt, nach seinem Besitzer Lorenzo Hoard, der den erschöpften Reisenden 50 Cents für die Übernachtung abnahm. Heute heißt es **White Horse Inn** und eine Schlafstelle kann man dort nicht mehr mieten. Stattdessen gibt es hier etwas zu essen, und da das seit über 140 Jahren so ist, ist es das älteste Lokal in Michigan. Die eine Hälfte dient als Speisezimmer, das von der scheunenähnlichen Bar in dunkler Eiche, bleigefaßten Glasfenstern und rotem Teppich völlig abgetrennt ist.

An Donnerstagen sind beide Hälften am besten besucht: dann gibt es das *all-you-can-eat* Fischessen zum Spottpreis. Aber auch die anderen Gerichte sind verführerisch. Vor allem das White Horse Wellington, eine mit zartem Rinderfilet, Pilzen und Käse gefüllte Pastete. Außerdem gibt es täglich frischen Fisch z.B. die Regenbogenforelle à la Praline, eine mit Kräutermehl bestäubte, entgrätete Forelle, die zusammen mit Nüssen in Butter sautiert wird.

Nördlich von Metamora an der M–24 liegt **Lapeer,** eine Kleinstadt mit über 6.000 Einwohnerinnen und Einwohnern und Sitz des Landkreises. Als 1828 die ersten Siedler ankamen, benannten sie ihr Dorf nach dem französischen La Pierre. 1831 wurde Lapeer Sitz des Landkreises und acht Jahre später begann die Gemeinde mit dem Bau des Amtsgerichts. Das **Lapeer County Courthouse** steht immer noch an der Ecke von Court Street und Nepessing Street. Es ist ein eindrucksvolles Gebäude mit vier dorischen Säulen vor dem Eingang und einem dreigeteilten Turm mit romanischem Dom als Dach. Auf der gegenüberliegenden Straßenseite steht mittlerweile ein neues Gerichtsgebäude. Nichtsdestotrotz wird das alte manchmal noch genutzt, allerdings nur im Sommer, wenn der Richter, die Schöffen und eine Handvoll Anhänger alten Gerichtswesens dort ein paar Fälle abhandeln. Im ersten Stock befindet sich das Lapeer Historical Society Museum, in dem die Besucher gegen ein kleines Eintrittsgeld das Büro des Sheriffs und das Richterzimmer im Stil der Jahrhundertwende bestaunen können.

Noch ein bißchen Geschichte, aber auch ländlichen Charme finden Sie etwas außerhalb im **Past Tense Country Store.** Der Laden ist nur wenige Minuten von Downtown Lapeer entfernt und über die M-24 und die County Road 7 (Daley Road Richtung Osten) zu erreichen. An der ersten Straßenkreuzung (Ecke Farnsworth Road) steht eines der eindrucksvollsten Gebäude der Gegend.

Das riesige Haus mit 23 Zimmern wurde von der Farnsworth Familie erbaut, die zu den ersten Siedlern gehörten, die in dieser Gegend das Land bestellten. Auf dem Grundstück gibt es zahlreiche Scheunen, darunter die Originalscheune, die von Lucie Hiner 1971 zum **Past Tense Country Store** umgewandelt wurde. Der Laden ist höchst interessant und selbst wenn Sie nicht in Kauflaune sind, sollten Sie sich hier umsehen. Er ist teils Tante-Emma-Laden, teils Trödelladen, teils Museum. Wenn Sie an einem kalten Tag in den Laden kommen, strömt ihnen wunderbar warme Luft vom Holzofen entgegen. Zu sehen sind unter anderem ein 100 Jahre altes deutsches Eichenpiano, direkt daneben steht eine Benzinpumpe von Texaco im klassischen Rot des Unternehmens.

Der Laden hat vier Zimmer, alle sind bis unter die Decke voll mit handgeflochtenen Körben, getrockneten Blumen, Kerzen und Kinderspielzeug, darunter eine bemerkenswerte Teddybärensammlung. Im oberen Stockwerk stehen alte Möbelstücke, in einem weiteren Raum steht ein Schlitten und die Wände sind mit entsprechenden Ornamenten bedeckt, die an das Weihnachtsfest erinnern sollen

Zwischen den verkäuflichen Waren ist altes Handwerkszeug drapiert, das Lucie Hiner kurz vor dem Wegwerfen für die Nachwelt gerettet hat. Außerdem gibt es Bonbons, Reinigungsmittel und Lebensmittel in Dosen aus längst vergangener Zeit. Einige Marken haben sich in die moderne Zeit hinübergerettet wie Quaker Oats (Haferflocken) oder Calumet Backpulver.

WHITE HOUSE INN

County Road 62 (Ecke Metamora Road), Tel. 313/678-2150. Montags bis donnerstags 11–22 Uhr, freitags und samstags 11–23 Uhr, sonntags 12–21 Uhr. An den Wochenenden Tisch reservieren.

LAPEER COUNTY COURTHOUSE

Court Street (Ecke Nepessing Street). Geöffnet von Anfang Juni bis zum 15. November von 13–17 Uhr.

PAST TENSE COUNTRY STORE

Daley Road (Farnsworth House). Montags bis samstags 10–18 Uhr, sonntags 12–18 Uhr.

SANILAC COUNTY

Die Bundesstraße M-25, die aus Port Huron hinausführt, verläuft direkt am Ufer des Lake Huron entlang bis nach Bay City. Von der Straße aus hat man zwar nicht immer Seeblick, aber trotzdem ist diese Strecke eine der schönsten in ganz Michigan. Die erste Stadt, die Sie nördlich von Port Huron erreichen ist **Lexington,** zur Jahrhundertwende eine boomende Hafenstadt. Hier lief nicht nur viel Schiffsverkehr von den Great Lakes ein, in Lexington gab es auch eine Orgelfabrik, eine Brauerei, eine Mühle und sechs Saloons. 1913 vernichtete ein Sturm die Docks und die Stadt fiel in einen Dornröschenschlaf. Erst als in den 40er Jahren eine asphaltierte Straße und die Eisenbahnlinie herführten, kam wieder Leben nach Lexington.

Heute wird hier großer Wert auf die Erhaltung alter Gebäude gelegt, von denen viele aus der Zeit um die Jahrhundertwende stammen. Darunter auch vier, die einen Ehrenplatz im National Register of Historic Places bekommen haben. Eines von ihnen ist die **Charles H. Moore Public Library.** Das Ziegelsteingebäude wurde 1859 als Rechtsanwaltspraxis gebaut und ging aus unbekanntem Grund in

den Besitz des Seemanns Charles Moore über. Die Erbinnen, seine drei Töchter, stellten das Haus der Stadtbücherei zur Verfügung.

Unter den 12.000 Bänden befindet sich auch eine Sammlung rarer Exemplare, aber die Bibliothekarinnen erzählen, daß viele Leute nur herkommen, um sich die schöne Inneneinrichtung anzusehen. Die Holzarbeiten und Fenster mit buntem Glas sind ebenso restauriert worden wie das fein gearbeitete hölzerne Treppengeländer, das zu einem Bild des alten Seebären führt. Es ist schwer, sich einen schöneren Ort zum Lesen vorzustellen als das sonnendurchflutete Zimmer im ersten Stock. Hier stehen noch die alten Schreibtische und Bürostühle, die von den Angestellten der Rechtsanwaltspraxis benutzt wurden.

Charles Moore ist noch für ein weiteres Gebäude verantwortlich, das eine Anerkennung als National Historic Site hat. Als er nämlich in den 80er Jahren des letzten Jahrhunderts sein Zuhause baute, wählte er absichtlich ein Grundstück, das nur einen Häuserblock vom See entfernt war. Das riesige Haus im Queen-Anne-Stil wurde mit großen Baumstämmen aus weißer Pinie gebaut, die über Lexington verschifft werden sollten. 1901 nutzte Mary, Moore's älteste Tochter, das Haus mit ihrem Ehemann, dem frischgewählten Senator Albert E. Sleeper, als Rückzugsort. Als Sleeper ein paar Jahre später Gouverneur in Lansing wurde, kam das Paar nur noch in den Sommermonaten her, um dem öffentlichen Leben in der Hauptstadt zu entgehen.

Ähnlich wird das Haus noch heute genutzt. Jane und Bob McDonald erwarben es 1982 und eröffneten es im darauffolgenden Jahr als **Governor's Inn,** Lexington's erstes Bed & Breakfast. Außer dem neuen Namen und einem neuen Anstrich hat sich hier nicht viel verändert. Die drei Gästezimmer im ersten Stock haben Eisenbetten und die Spitzenvorhänge reichen von der Decke bis zum Boden. Die Gäste verbringen die lauen Sommerabende genauso wie früher der Senator und seine Frau: auf der Veranda im Schaukelstuhl – die kühle Brise vom Lake Huron genießend.

Wenn Sie die M-25 weiter nördlich am Lake Huron entlangfahren, kommen Sie nach elf Meilen zur nächsten Stadt. Es waren überwiegend Holzfäller, die sich in **Port Sanilac** in den 30er Jahren des letzten Jahrhunderts ansiedelten. Weil die Unterkünfte so heruntergekommen und armselig waren, wurde die Siedlung lange als Bark Shanty Point ("Platz der Borkenhütten") bezeichnet, bis die Einwohner 1857 beschlossen, den Namen eines berühmten Indianers des Wyandotte-Stammes als Stadtnamen zu wählen.

Der mit roten Ziegeln gebaute Leuchtturm ist vielleicht die größte Attraktion von Port Sanilac. Und ähnlich wie in Lexington kann man auch in dieser Kleinstadt an vielen Häusern noch den Reichtum längst vergangener Zeiten erkennen; darunter das **Loop-Harrison House,** ein imposantes viktorianisches Anwesen, das 1872 von dem Arzt Dr. Joseph Loop erbaut wurde. In seiner Praxis behandelte er Patienten, die in einem Radius von bis zu 40 Meilen wohnten. Das Haus und die Einrichtungsgegenstände wurden über drei Generationen weitervererbt, bis es 1964 der Enkel, ein Kapitän Stanley Harrison, der Sanilac Historical Society zur Verfügung stellte.

Das Haus wird seitdem von der Gesellschaft unterhalten und Besucherinnen und Besucher sind gern gesehen. Zu sehen sind die originalen Einrichtungsgegenstände, Teppiche, Küchenutensilien und die Instrumente des Doktors. Mit auf dem Gelände befinden sich ein Milchproduktemuseum und eine eingerichtete Blockhütte der Siedler aus dem Jahr 1882.

An der M-25 liegt noch so ein eindrucksvolles Haus, das **Raymond House Inn,** ein Bed & Breakfast. Das Haus stammt aus dem Jahr 1871 und wurde von Uri Raymond, einem der Gründerväter Port Sanilacs gebaut. Raymond besaß einen Haushaltswarenladen, den es noch heute an gleicher Stelle gibt. Sein Wohnhaus im viktorianischen Stil mit seiner roten Ziegelfassade, dem hochaufragenden Dach und dem weißen Putz ist kaum zu übersehen. Die geräumigen Zimmer haben allesamt hohe Wände, es gibt Wendeltreppen und Simse.

Nachdem drei Generationen der Raymonds das Haus bewohnt hatten erwarb es Shirley Denison, eine Restauratorin. Sie kam aus Washington D.C., hatte aber als Kind viele Sommer in Port Sanilac verbracht, wo ihr Großvater Boote verkaufte und mit Holz handelte. Sie war entzückt von den alten Möbeln, vor allem aber von dem altmodischen Salon und den sechs Schlafzimmern im ersten Stock, die sie heute an Gäste vermietet. Das zweite Stockwerk wandelte Shirley Denison in einen Trödelladen um und hinter dem Haus befindet sich eine Kunstgalerie, in der sie ihre eigenen Skulpturen, Töpfereien und Arbeiten anderer Künstler ausstellt.

Zum Abendessen gehen Sie in eines der besten Fischlokale der Gegend, praktischerweise liegt es gleich auf der gegenüberliegenden Straßenseite. Das **Bellaire Hotel** befindet sich in einem eleganten viktorianischen Gebäude mit Parkettfußböden, Säulen und riesigen Fenstern. Wichtiger als die Innenausstattung ist den Besitzern natürlich das, was die Küche verläßt.

Die *locals* nennen die Mahlzeiten hier *Porch Dinners,* denn man ißt in einer Art glasbedecktem Atrium mit Blick auf den schönen Garten. Diane Douros, die das Bellaire seit 1945 leitet, ist bekannt für ihre Zubereitung von Barschen. Kein Menu ist hier komplett, wenn Sie nicht die Limonenmeringue zum Dessert probieren.

Die Strecke zwischen Port Sanilac und **Forestville** (an der M-25) ist besonders eindrucksvoll. Es geht an drei Parks vorbei, die auf hohen Kliffs mit Blick auf den Lake Huron liegen. Wer den ganzen Thumb erkunden möchte, kann an der einzigen Straßenkreuzung im winzigen Städtchen Forestville auf die Bay City-Forestville Road abbiegen.

Wenn Sie westlich auf der M-25 weiterfahren, gelangen Sie nach den kleinen Dörfern Charleston und Minden an die Kreuzung Bay City-Forestville Street und Germania Street. Hier stehen Schilder, die auf den **Petroglyphs State Historical Park** hinweisen, der südlich von Germania liegt. In einem Waldgebiet können Sie große Steine mit Petroglyphen bewundern – von Indianern gefertigte Schnitzereien, die nach Ansicht von Archäologen zwischen 300 und 1.000 Jahre alt sind. Die bekannteste ist die eines Schützen, dessen Arm und Bogen als eine einzige lange Linie dargestellt sind.

Ein weiterer Grund, von der Autobahn abzufahren und das Landesinnere zu erkunden, ist das Beerenpflücken, natürlich nur im Sommer und im Herbst. Hier sind sie ganz besonders süß und saftig. In unmittelbarer Nähe der Stadt Croswell liegt die Croswell Berry Farm. Von Juni bis Anfang Juli können Erdbeeren geerntet werden, dann geht die Pflücksaison mit Blaubeeren weiter und endet mit Himbeeren, die noch im November an den Sträuchern hängen.

Ebenfalls bei Croswell gibt es etwas ganz Kurioses, das aber helfen soll, ihre Beziehung intakt zu halten: eine Brücke namens **Be Good to Your Mother-in-Law Bridge,** deren Originalkonstruktion aus dem Jahr 1905 stammt. Auf der einen Seite der Spannbrücke steht ein Schild mit der Aufschrift "Be good to your Mother-in-law", auf der anderen Seite verheißt ein Schild "Love ye one another" ("Ihr sollt einander lieben"). Für viele ist das ein so immens weiser Ratschlag, daß die Brücke zu einem Wallfahrtsort sowohl für Frischverheiratete als auch für ältere Paare geworden ist. Sie lassen sich unter den Schildern fotografieren und gehen dann Hand in Hand über die Brücke. Doch die Weisheit hat ihren Preis. Es ist nämlich nicht leicht, auf den Holzplanken hinüberzubalancieren, denn die Brücke wird nur von vier dicken Seilen gehalten. Während dieser wackligen Angelegenheit kommen die Paare manchmal gefährlich nah an den darunterfließenden **Black River** heran. Die Überquerung bereitet vielen Paaren jedenfalls mehr Angst als der Gang zum Traualtar.

Rund um die Brücke finden Sie baumbestandene kleine Parks, einen kleinen Spaziergang entfernt liegt das **Croswell Museum,** ein ehemaliges Eisenbahndepot, in dem Sie alte vergilbte Fotografien der ach so beliebten Brücke, einen (pferdegezogenen) Leichenwagen und historische Gegenstände aus der Gegend sehen.

CHARLES H. MOORE PUBLIC LIBRARY

Main Street (Ecke Huron Street, Lexington), Tel. 313/359-8267.
Geöffnet montags 15–20 Uhr, mittwochs und freitags 10–17 Uhr und samstags 10–15 Uhr.

GOVERNOR'S INN

Simons Street (Ecke Washington Street) P.O. Box 471, Lexington, MI 48450, Tel. 313/359-5770.
Reservierungen werden unbedingt angeraten.

LOOP-HARRISON HOUSE

Südlich von Lexington an der M-25. Geöffnet Mitte Juni bis Labor Day (erster Montag im September) 11–16.30 Uhr.

RAYMOND HOUSE INN

P.O. Box 43B, Port Sanilac, MI 48469, Tel. 313/622-8800.
Geöffnet von Mai bis Oktober. Außerdem Fahrradverleih. Reservierungen direkt bei Shirley Denison.

BELLAIRE HOTEL

120 South Ridge Road (Port Sanilac), Tel. 313/622-9981. Hauptgerichte zwischen 10 und 15 Dollar.

PETROGLYPHS STATE HISTORICAL PARK

Südlich von Germania (gut ausgeschildert). Der Eintritt ist kostenlos.

CROSWELL BERRY FARM

33 Black River Road (Nähe Croswell), Tel. 313/679-3273.
Montags bis samstags 8–18 Uhr, sonntags 8–16 Uhr.

CROSWELL MUSEUM

Wells Street (Croswell).
Samstags und sonntags 13–17 Uhr.

HURON COUNTY

In Richtung Port Austin im Landkreis Huron bleibt es weiterhin ländlich. Auf dem Weg dorthin kommen Sie an einem kleinen Museum am **Lighthouse County Park** vorbei. Es befindet sich im ersten Stock des alten Leuchtturms, der 1857 errichtet wurde und noch heute von der Küstenwache zur Einweisung von Schiffen genutzt wird. Von oben überblicken Sie zwei Parks, den County Park mit 74 Stellplätzen für Camper, Strand, Bootsanlegestelle und Picknickwiese. Im Lake Huron befindet sich dann ein Unterwasserpark, (Thumb Area Bottomland Preserve), der 1985 gegründet wurde um 9 Schiffswracks unter Schutz zu stellen. Gegenstände von diesen Schiffen sind im Museum zu besichtigen, das nur an Sommerwochenenden geöffnet ist.

Wo die Lighthouse Road wieder auf die M-25 führt, ist die größte Attraktion im Thumb zu sehen: **Huron City.** Die Stadt, Mitte der 50er Jahre des 19. Jahrhunderts von dem Holzhändler Langdon Hubbard gegründet. Er benötigte Platz zum Verschiffen seines riesigen Baumbestandes im nördlichen Teil des Landkreises. Aus Huron City wurde schnell die größte Stadt in der Gegend: Ein paar Hundert Menschen siedelten sich an, die größtenteils in den beiden Sägemühlen arbeiteten. Bei einem Großfeuer im Jahre 1881 wurde Hubbard's Unternehmen vollständig vernichtet und er verkaufte sein Land an Einwanderer. Vorher hatte er allerdings eine Bank gegründet, um ihnen das Geld dafür zu leihen.

Doch schon bald war Huron City nicht mehr als eine Geisterstadt. Das änderte sich erst, als eine von Hubbard's Töchtern William Lyon Phelps heiratete, Professor an der Universität Yale und außerdem Pastor. Der fing an, jeden Sonntag in der Kirche zu predigen. Seine einfachen Lebensweisheiten gefielen den Ortsansässigen so gut, daß bald der Platz in der Kirche nicht mehr ausreichte. 1920 hatte sein Ruf ganz Michigan erfaßt und die ursprünglich 250 Menschen fassende Kirche wurde auf 1.000 Sitzplätze erweitert.

Dr. Phelps starb 1937, aber Huron City überlebte, denn eine Enkelin des Gründers machte aus dem Ort ein Museumsdorf. Von den 12 Gebäuden sind neun vollständig eingerichtet und der Öffentlichkeit zugänglich. Es gibt einen Tante-Emma-Laden, eine Kirche, eine Kneipe, eine Scheune mit altem Werkzeug und das Phelps Museum, das zu Ehren des Pastors in den frühen 50er Jahren gebaut wurde.

Von Huron City aus wird die M-25 kurvig und Sie gelangen bald nach **Grindstone City.** Grindstones sind Mahlsteine, die in den Mühlen zum Einsatz kamen. Sie wurden aus den natürlichen Sandsteinen hergestellt, die es früher am Strand des Lake Huron im Überfluß gab. Wenn Sie mehr über die Geschichte von Grindstone City erfahren möchten, fragen Sie am besten Joe Mazzoni, dem das Lokal **Grindstone Bar & Grill** gehört.

Wo sich Lake Huron und die Saginaw Bay treffen liegt **Port Austin,** die nördlichste Stadt im Thumb. Die M-25 windet sich durch die Stadt, vorbei an der Marina und dem schönen **Bird Creek Park** mit Promenade und Sandstrand, wo man im Sommer einen wunderschönen Sonnenuntergang über der Saginaw Bay bewundern kann.

Übernachten können Sie zum Beispiel im **Garfield Inn,** einem riesigen rot angetrichenen Anwesen in der Lake Street, das nach einem Kongreßabgeordneten benannt wurde, der hier wohnte und sogar mal eine Rede vom Balkon aus hielt. In dieser bewegenden Rede unterstützte er die Präsidentschaft des Zivilkriegshelden Ulysses Grant. Schließlich war es James Garfield selbst, der später zum 20. Präsidenten der Vereinigten Staaten gewählt wurde. Das Garfield Inn, früher Gasthof, dann Restaurant, Bar und schließlich Bed & Breakfast ist eine National Historic Site. Sehenswert sind die Mahagonibar und die gewundene Kirschholztreppe, die zu den zehn Zimmern im oberen Stockwerk führt, von denen sieben vermietet werden.

Das beste Essen in Port Austin gibt es im Restaurant **The Bank 1884**, auch hier historische Atmosphäre. Das Gebäude aus roten Ziegelsteinen, 1884 als Winsorsnover Bank gegründet, wurde von Anthony und Marilynne Berry einhundert Jahre später zu einem feinen Eßlokal umgewandelt. Erhalten haben sie die farbigen Fensterscheiben in der Bar und die Nische eines Bankangestellten. Außerdem gibt es Fotos aus den frühen Zeiten Huron Countys zu sehen.

Westlich von Port Austin, wo die M-25 der Küstenlinie der Saginaw Bay folgt, fahren Sie 35 landschaftlich sehenswerte Kilometer bis Caseville. Es geht vorbei an zahlreichen Stränden und Parks sowie Rastplätzen mit Panoramablick auf die Bay und ihre Inseln. Einer der Parks ist der **Port Crescent State Park,** der wegen des langen Sandstrandes bei Schwimmern und Sonnenanbetern besonders beliebt ist. Im Park kann man auch picknicken, campen, wandern und fischen.

Die **Saginaw Bay** ist jedoch auch ein Paradies für Angler. Auch wer es noch nie versucht hat, kann hier auf einem der Partyboote erste Versuche unternehmen. Die Boote fassen je nach Größe zwischen 20 und 40 Personen und können für halbtägige Touren von Port Austin aus gechartert werden. Sie werden erstaunt sein, wie leicht es ist. An guten Tagen, bringen die Angler ganze Eimer voller Fische vom See zurück.

Fischessen können Sie natürlich auch, ohne vorher angeln zu gehen. Das verschlafene **Bay Port,** südwestlich von Port Austin, war früher eines der größten Fischereihäfen des Landes. Von hier aus wurden Heringe, Barsche und andere Fische in gekühlten Eisenbahnwaggons bis nach New York und Chicago verfrachtet. An diese Vergangenheit wird heutzutage jeden ersten Sonntag im August mit dem Bay Port Fish Sandwich Day erinnert. Auf Festival werden bis zu 8.000 Sandwiches verspeist. Kommerzielle Fischerei existiert nur noch im Kleinen. An den Docks der **Bay Port Fish Company** können Sie Fischern zusehen, wie sie Netze flicken und Boote reparieren. Hier wird auch geräucherter Fisch verkauft.

HURON CITY

An der M-25, Tel. 517/428-4123. Geöffnet vom 1. Juli bis Labor Day (erster Montag im September). Das Eintrittsgeld beinhaltet eine einstündige geführte Tour.

GRINDSTONE BAR & GRILL

Point Aux Barques Road (Grindstone City), Tel. 517/738-7665. Geöffnet von Mai bis Ende Oktober, Mittag- und Abendessen.

GARFIELD INN

Lake Street (Port Austin), Tel. 517/738-5254. Geöffnet Mitte April bis Januar. Zimmer etwa 80 Dollar.

THE BANK 1884

Ecke Lake Street und State Street, (Port Austin) Tel. 517/738-5353. Dienstags bis sonntags 17–22.30 Uhr. Im Mai, im September und im Oktober nur an den Wochenenden. Hauptgerichte zwischen 10 und 20 Dollar.

PORT CRESCENT STATE PARK

Westlich von Port Austin an der M-25, Tel. 517/738-8663. Zeltplätze ab 9 Dollar.

MISS PORT AUSTIN

Port Austin, Tel. 517/738-5271. Tägliche Partyboottouren. Abfahrten 7.30 Uhr und 14.30 Uhr.

BAY PORT FISH COMPANY

Bay Port, Tel. 517/656-2131. Geöffnet täglich von 9 – 17 Uhr.

DETROIT —

STADT DER MENSCHEN

Von Hermann Lang

Wenn man sich auf die Woodward Avenue, Detroit's Hauptstraße stellt, kann man den Detroit River vorbeifließen sehen. Auf der anderen Seite des Flusses, und damit südlich, liegt Kanada. Also ist dies der einzige Ort auf der Welt, wo der nördliche Nachbar Kanada südlich von den Vereinigten Staaten liegt.

DER DETROIT RIVER

Auf dem Detroit River verkehren Schiffe aus aller Welt. Er gehört zu einer mächtigen Wasserstraße, die sich von Duluth bis zum Atlantik erstreckt. Von den oberen Seen transportieren die Schiffe Eisenerz, in entgegengesetzte Richtung tragen sie Koks, mit dem die Flammen der immer noch florierenden Stahlindustrie gespeist werden. Als der Bau des Erie-Kanals im Jahre 1830 die Anbindung an die Great Lakes und somit über den Mississippi hinunter nach New Orleans brachte, verzehnfachte sich die Einwohnerschaft von Detroit in nur 20 Jahren. Zu Beginn des 19. Jahrhunderts war Detroit nicht mehr als ein kleiner Militärstützpunkt mit 2.000 Einwohnern.

DAS AUTOMOBIL

Durch die Erfindung des Autos wurde Detroit zur Boomtown. Wegweisend war natürlich Henry M. Ford, der das Auto zum Massentransportmittel machte. Billige Arbeitskräfte aus den Südstaaten, vor allem Afroamerikaner, zogen nach Detroit, um dort in den Fabriken zu arbeiten. Während des Zweiten Weltkriegs war Detroit aufgrund seiner geographischen Lage und seiner industriellen Stärke als "Waffenschmiede der USA" bekannt. Die Voraussetzungen dafür waren denkbar günstig: erfahrene Facharbeiter waren ebenso vorhanden wie immense Vorkommen von Rohstoffen aller Art. Der industrielle Aufschwung, der sich damals abzeichnete, wurde durch den Zweiten Weltkrieg noch beschleunigt.

DIE KRISE

Zur Kehrtwende kam es in den 70er Jahren während der Ölkrise. Hunderttausende wurden im Laufe der Rationalisierungsmaßnahmen arbeitslos, viele Wohngebiete verkamen zu Slums, die Kriminalitätsrate stieg. Doch Detroit ist immer noch Zentrum der Autoindustrie: Jährlich werden rund zwölf Millionen Autos gebaut.

<< *Ansichten von Detroit*

GREEKTOWN

Während früher mehrere Stadtteile Detroits wie Pole-Town und Germantown eine starke ethnische Prägung hatten, ist es heute nur noch **Greektown,** das ein wirklich eigenes Flair aufzuweisen hat. Greektown, ein kleines Gebiet an der Woodward Avenue, hat eine große Auswahl an Restaurants, die von den Einwohnerinnen und Einwohnern Detroits gerne besucht werden. Mit Szenen von Alt-Griechenland an den Wänden und entsprechender Musik hat man tatsächlich das Gefühl, als betrete man eine andere Welt. Auch die Konditoreien sind einen Besuch wert: es gibt Süßigkeiten und Gebäck aus Honig, Datteln und getrockneten Früchten. Ganz in der Nähe gibt es noch eine kulinarische Attraktion, **Fishbone's,** ein Restaurant im New-Orleans-Stil, in dem die feine kreolische Küche des Südens auf den Tisch kommt und das so restauriert wurde, wie es Mitte der 19. Jahrhunderts einmal aussah.

ATTRAKTIONEN

Unbedingt ansehen sollten Sie sich das **Renaissance Center,** einem aus sechs gläsernen Wolkenkratzern bestehenden gigantischen Geschäftskomplex mit Restaurants, Läden, Büros und dem **Westin Hotel** direkt in der Mitte. Mit dem **Poeple Mover,** einer computergesteuerten Magnetschwebebahn, können Sie sich den Innenstadtbereich von Detroit von oben ansehen. Egal, an welcher Station Sie aussteigen, "Kunst an der Haltestelle" erwartet Sie in jedem Fall.

MUSEEN

Die meistbesuchten touristischen Attraktionen sind das **Ford Museum** und Greenfield Village im westlichen Vorort Dearborn am Oakland Boulevard. Im Mittelpunkt des Ford Museums steht natürlich die Entwickungsgeschichte des Automobils und Sie können sich die schönsten amerikanischen Straßenkreuzer aus der Nähe ansehen. **Greenfield Village** ist ein "Dorf", bestehend aus 80 Gebäuden aus verschiedenen Zeitabschnitten. Die Gebäude wurden entweder rekonstruiert oder als Originalbauten an dieser Stelle wieder aufgestellt. Ein absolut sehenswertes Museum ist das **Detroit Institute of Arts**, untergebracht in einem wahrhaft protzig-pompösen Gebäude. Die Sammlung deutscher Expressionisten ist wirklich beeindruckend. Gleich gegenüber liegt das **Historical Museum** mit Schwerpunkt auf der Geschichte des Automobils.

Hermann Lang stammt aus Detroit und betrieb 25 Jahre lang eine Dairy Farm. Danach war er als Lehrer an einer High School tätig.

LAKE HURON

Die Küste des Lake Huron, die östliche Begrenzung des Bundesstaates Michigan, ist eine Region, die große Veränderungen erlebt hat. Die ersten Bewohner der Gegend waren Indianer, die die Wälder durchstreiften und am äußeren Erscheinungsbild nichts veränderten. Auch als die ersten Europäer herkamen, blieb die Natur zunächst unangetastet. Sie waren fasziniert von den großen Baumbeständen und den dichten Wäldern, die kein Sonnenstrahl durchbrechen konnte.

Mitte des 19. Jahrhunderts änderte sich alles. Die Holzverarbeitungsindustrie, die in Maine bereits die Wälder zu Bauholz verarbeitet hatte, war auf der Suche nach Pinien, um neue Ansiedlungen in den Great Plains, einer baumlosen Gegend, zu bauen. Zwischen 1850 und 1910 war Michigan der größte Holzlieferant in den USA. Es gab schätzungsweise 700 Holzfällercamps und über 2.000 Sägewerke. Der Saginaw River und der Au Sable River dienten dem Abtransport der Baumstämme zu den Sägemühlen am Lake Huron. In Städten wie Saginaw und Bay City lag ein Sägewerk neben dem anderen und es wurden Anwesen gebaut, die sich in Schönheit und Größe übertrafen, denn mit der Weißen Pinie aus Michigan wurde mehr Geld gemacht als mit Gold beim Klondike Goldrausch.

Um die Jahrhundertwende waren nur noch Baumstümpfe übriggeblieben. Die Holzindustrie hatte die Region verwüstet, sie in baumlose Gegenden verwandelt, in denen die Erde nun der Erosion ausgesetzt war. 1909 wurde entlang des Au Sable Flusses der Huron National Forest gegründet. Es war das erste von vielen Schutzgebieten, die in der Anstrengung ins Leben gerufen wurden, das Land wieder aufzuforsten und zu verwalten. Lake Huron trat in eine neue Ära ein: Erneuerbare Ressourcen, Wiederaufforstung und Bewahrung hießen nun die Schlagwörter.

Heute, beinahe einhundert Jahre später, ist die Gegend wieder bewaldet. Die Bäume gehören zwar verschiedenen Generationen an und sind unterschiedlicher Art, aber der Effekt auf Besucher ist derselbe wie der auf die ersten Siedler. Hier auf weichen Tannennadeln durch die ruhigen Wälder zu spazieren und dem sanften Plätschern eines Baches zu lauschen ist genauso schön wie an einem Sandstrand zu liegen oder in einer kleinen Hütte am See zu wohnen.

Lake Huron

Presque Isle
Montmorency
Alpena
Alpena
Oscoda
Alcona
Ogemaw
Iosco
Arenac
Gladwin
Bay
Midland
Bay City
Saginaw
Saginaw
Genesee
Flint
Shiawassee

SHIAWASSEE COUNTY

Zu Beginn des 20. Jahrhunderts hatte ein junger Schriftsteller die Spur eines Grizzlybärs aufgenommen und ihn angeschossen. Das verletzte Tier trieb ihn auf einen schmalen Bergvorsprung zu. "Der plötzliche Tod schien des Jäger's unausweichliches Schicksal", sollte der Schriftsteller später über diese Situation schreiben. Doch dann drehte der Bär ab – der Mann packte seine Gewehre beiseite und ging nie wieder auf die Jagd.

Stattdessen verarbeitete James Oliver Curwood seine Erfahrungen in dem Bestseller *The Grizzly King,* der 1916 veröffentlicht wurde und 1989 als Vorlage zu dem Spielfilm *The Bear* diente. Curwood, 1878 in der Stadt **Owosso** im Landkreis Shiawassee geboren, wurde nun auch einer breiteren Öffentlichkeit bekannt. Er hatte 33 Novellen geschrieben, die meisten actiongefüllte Geschichten aus Kanada, das der Autor als "God's Country" bezeichnete. Sie waren weltweite Bestseller und Tantiemen und Filmrechte machten aus Curwood einen Millionär. Am Shiawassee River in Owosso baute er 1922 das **Curwood Castle.** Eigentlich ausschließlich als Schreibstudio gedacht, hat das Haus ein großes Zimmer im Untergeschoß, wo der Autor Gäste empfing, eine Wendeltreppe führt zum Atelier im ersten Stock. In dem Haus ist heute ein Museum zu Ehren des Schriftstellers untergebracht, mit Erinnerungsstücken aus seinem Leben, wie zum Beispiel seinem Schreibtisch, der am Empfang steht.

Curwood Castle, eine Replika eines französischen Schlosses, gehört zum historischen Teil der Stadt, zu dem auch die erste Siedlerhütte gehört, die in Owosso gebaut wurde.

Um die Jahrhundertwende war **Durand** das, was heute die Flughäfen in Detroit oder Chicago sind. Nur daß in Durand die Eisenbahn für Verkehrsanknüpfung und Gütertransport sorgte. Die erste Eisenbahn der Detroit-Milwaukee-Line kam 1865 in die Kleinstadt und bereits 1907 kam sieben Züge täglich. Für 60.000 Dollar Baukosten entstand die **Union Station,** ein 70 Meter langer Bahnhof. Zwei Jahre später wurde er bei einem Brand zerstört, aber schnell wieder aufgebaut, denn die goldene Ära des Zugverkehrs war angebrochen. Fast die Hälfte der 2.500 Einwohnerinnen und Einwohner zählenden Bevölkerung arbeitete für die Eisenbahngesellschaft

Grand Trunk Railroad und mehr Menschen stiegen hier um, als der Ort Einwohner hatte.

Union Station, einer der meistfotografiertesten Bahnhöfe, dient heute als Information Center für Touristen und beherbergt das Michigan Railroad History Museum. Zu sehen sind Einrichtungsgegenstände und Ausstellungsstücke aus der Zeit des frühen 20. Jahrhunderts. In einem Pullman-Gepäckwaggon aus dem Jahre 1919 ist das **Railroad History Museum** untergebracht. Natürlich werden hier Erinnerungsstücke aus der goldenen Eisenbahnära gezeigt.

CURWOOD CASTLE

224 Curwood Castle Drive (Owosso), Tel. 517/723-8844. Zu erreichen über die M-52 südlich des Shiawassee River. Geöffnet dienstags bis sonntags 13–17 Uhr. Der Eintritt ist kostenlos, jedoch wird eine Spende erwartet.

RAILROAD HISTORY MUSEUM

205 Clinton Street (Durand, zu erreichen über die Interstate 69, Abfahrt 116 Süd), Tel 517/288-3743. Union Station (Tel. 517/288-3561) befindet sich auf der Main Street South. Das Museum ist von Mai bis Oktober samstags und sonntags von 13–17 Uhr geöffnet. Union Station ist montags bis samstags von 13–17 Uhr geöffnet.

GENESEE COUNTY

Inmitten des Landkreises Genesee liegt **Flint,** die viertgrößte Stadt in Michigan und Heimat des General Motors gehörenden Buick Automobilkonzerns. Die meistbeachtetste Attraktion der Stadt, der verhaßte Themenpark "Auto World", wurde weniger als ein Jahr nach der Eröffnung wieder geschlossen. Aber glücklicherweise gibt es Ersatz. Das wunderbare **Children's Museum** zum Beispiel.

Es ist keines des sogenannten "hands-on"-Museen, die Wissenschaft und Technik erklären. Das seit 1986 existierende Museum stellt alltägliche Dinge aus der Kinderwelt aus, zum Anfassen, zum Spielen und zum darauf Herumklettern. Am beliebtesten ist das Fernsehstudio.

Wetterkarte, Nachrichtenpult und das Set für Talk Shows wurde von 1981 bis 1987 tatsächlich vom Sender WNEW aus Saginaw benutzt und anschließend dem Museum gespendet. Es gibt Fernsehkameras, Schnittstellen und Monitore, und die Kids können selbst als Nachrichtenleute und Wetterfrösche tätig werden.

Für diejenigen, die lieber Tante oder Onkel Doktor spielen möchten, gibt es das Krankenhauszimmer mit Krankenbett, Ärztekittel, Bandagen, Krücken, Blutmessinstrument und einem kleinen Hammer, um die Reflexe zu testen.

Außerdem gibt es einen Gerichtssaal, in dem sich die Kinder als Schöffen oder Richter verkleiden können, manche schlüpfen vielleicht lieber in die Rolle einer Busfahrerin, eines Feuerwehrmannes oder eines Schiffskapitäns.

Nördlich von Flint ist der Penny Whistle Place eine weitere lohnende Attraktion für Kinder. In dem futuristischen Kinderdorf können die Kinder einen simulierten Spaziergang auf dem Mond versuchen, mit der Seilbahn über den Park gleiten, auf allen Vieren in einem großen Netz herumklettern oder in tausenden von bunten Plastikbällen schwimmen. Ein wirklich außergewöhnlicher Spielplatz!

SAGINAW COUNTY

Dieser Landkreis ist der einzige in Michigan, der keinen See aufzuweisen hat. Doch mit etlichen Flüssen wie dem Saginaw, dem Tittabawassee, dem Bad, dem Cass, dem Shiawassee und dem Flint gibt es insgesamt über 250 Kilometer Wasserwege. Diese natürlichen Straßen wurden von den Holzfällern zum Transport von Baumstämmen benutzt und Sägewerke sprossen überall in der Gegend wie Pilze aus dem Boden. Als die Baumfäller zu Beginn des 20. Jahrhunderts wieder gingen, blieb nur noch der Glanz vergangener Zeiten. Heute spiegelt sich diese Ära des Reichtums in den übriggebliebenen Häusern viktorianischen Stils, am besten zu sehen am Boulevard in **Chesaning** in der südwestlichen Ecke des Landkreises.

Die historischen Häuser am **Boulevard,** einem Teil des Motorway-57, sind zu *Old Home Shops* umgewandelt worden, allein sieben der alten Bauten dienen als Andenken-, Geschenke- und Trödelläden. Das **Chesaning Heritage House** ist eines der besten Restaurants in Saginaw County. Das Haus stammt aus dem Jahr 1908 und wurde von dem Holzhändler George Nansing gebaut. Dessen Vater Robert kam aus England und erreichte 1852 Chesaning, wo er als kleiner Bauer begann und als Sägemühlenbesitzer zu einem der reichsten Männer der Stadt wurde. Für ihn war der amerikanische Traum wahrgeworden. Das Gebäude im georgianischen Revivalstil hat ionische Säulen und eine große Rotunda zwischen dem Erdgeschoß und der ersten Etage.

Das Haus ging durch mehrere Hände und stand sogar zehn Jahre leer, als Howard und Bonnie Ebenhoeh es erwarben und 1980 ein Restaurant daraus machten.Vier der sieben Eßzimmer haben einen Kamin, ein anderes Zimmer hat eine sonnige Veranda, auf der noch einmal sechs Tische Platz haben. Das Heritage House wird für die Zubereitung eines phantastischen Michigan Beef gelobt; eine weitere Spezialität ist das geschmorte Tenderloin für zwei Personen, das mit vielen Champingons serviert wird. Die Nachspeisen, auf einem Servierwagen präsentiert, sind gleichermaßen verführerisch.

Michigan's bekannteste Touristenattraktion heißt **Frankenmuth,** eine Stadt, die von deutschen Einwanderern gegründet wurde. "Little Bavaria" ist berühmt für Hähnchen vom Grill, serviert in den beiden Lokalen **Zehnder's** und **Bavarian Inn,** beide in der Main Street. Was viele Besucherinnen und Besucher jedoch nicht wissen ist, daß Frankenmuth die älteste Brauerei Michigan's hat. In der **Frankenmuth Brewery** wird seit 1862 (damals hieß sie Cass River Brewery, später Geyer Brewing), Bier gebraut. 1976 machte die Brauerei kurzfristig zu, um dann unter dem heutigen Namen und mit einem deutschen Braumeister die Tradition fortzusetzen.

Eine frische Maß können Sie in fast jedem der Restauarants und Bars der Stadt bekommen, aber der interessanteste Ort für dieses Vergnügen ist wohl der **Tiffany Biergarten**, ein ehemaliger Saloon der Holzfäller, im Hotel Goetz. Das Hotel wurde 1895 gebaut, als Frankenmuth zu den boomenden Holzfällerstädten im Saginaw Valley gehörte. Die Taverne heißt so, weil hier achtzehn Tiffany-Leuchter aus den 30er Jahren Licht spenden. Die hölzerne Theke ist genauso einen Blick wert wie die Decke aus Zinn, die Mosaike im Fußboden und die farbigen Fensterscheiben.

Weihnachten mitten im Juli? Das ist kein Witz, jedenfalls nicht, wenn Sie zu **Bronner's Christmas Wonderland** kommen. Das ganze Jahr über wird hier Weihnachtsschmuck angeboten, insgesamt mehr als 50.000 Einzelstücke. Das Geschäft mit dem Christkind wird seit 1945 betrieben. Damals betrieb Wally Bronner den Verkauf noch von Zuhause aus und wurde eines Tages gebeten, den Ort für das bevorstehende Weihnachtsfest zu dekorieren.

Bronner bastelte Schmuck für Straßenlaternen, was schließlich zu großen Aufträgen für andere Gemeinden, für Geschäfts- und Privatleute führte. Ein Besuch in Bronner's Wunderland verschafft tiefe Einblicke in den Sinn oder Unsinn des Weihnachtsfestes, vor allem, was den religiösen Aspekt angeht. Aufgebaut sind über 500 Krippenspiele mit winzigen bis hin zu lebensgroßen Figuren, 260 unterschiedlich dekorierten Weihnachtsbäumen und mehr als 6.000 Schmuckanhängern aus der ganzen Welt. Außerdem gibt es Spieluhren, alle möglichen Arten von Hummelfiguren und, in der "Nußknacker-Suite", Nußknacker unterschiedlicher Macharten aus Deutschland, Österreich und der Schweiz. Das Geschäft ist nicht zu übersehen, denn es ist umgeben von Lichterketten, aufgemalten Schneeflocken und den Straßenlaternen, die Wally Bronner einst für Bay City dekorierte.

In Saginaw befindet sich das **Japanese Cultural Center & Tea House.** Es wurde von japanischen Künstlern gebaut – mit den Mitteln traditioneller Tischlerarbeit und mit einfachem Handwerkszeug. Erstaunlich, daß sie keinen einzigen Nagel benutzten. Heute ist das Center der einzige Ort in Michigan, wo man einer klassischen Teezeremonie beiwohnen kann.

CHESANING HERITAGE HOUSE

Boulevard (Chesaning), Tel. 517/845-7700. Geöffnet montags bis donnerstags 11–21, freitags und samstags 11–20 und sonntags 12–21 Uhr. Hauptgang zwischen 10 und 20 Dollar.

FRANKENMUTH BREWERY

Ecke Tuscola Street und Main Street, Tel. 517/652-6183. Geführte Touren mit Videofilm über den Herstellungsprozeß des Biers von April bis Dezember täglich 11–17 Uhr jeweils zur vollen Stunde.

TIFFANY BIERGARTEN

South Main Street. Geöffnet montags bis donnerstags 12–24 Uhr, freitags und samstags 12–1 Uhr mit Livemusik.

BRONNER'S CHRISTMAS WONDERLAND

South End der Main Street (M-83), Tel. 517/652-9931. Geöffnet von Juni bis zum 24. Dezember montags bis samstags 9–21 Uhr und sonntags 12–19 Uhr. Vom 26. Dezember bis Mai montags bis donnerstags und samstags 9–17.30 Uhr, freitags 9–21 Uhr und sonntags 13–17.30 Uhr.

JAPANESE CULTURAL CENTER AND TEA HOUSE
Saginaw, Celebration Square (Nördlich der M-46 an der Ecke South Washington Boulevard und Ezra Rust Drive), Tel. 517/759-1648. Teezeremonie jeden zweiten Sonntag im Monat um 14 Uhr.

MIDLAND COUNTY

Beim Namen Midland denken die meisten zuerst an die Chemiefirma Dow. In Midland gründete Herbert Dow 1897 das Unternehmen, das heute so ziemlich alles von Plastiktüten bis Aspirin herstellt. Aber in Midland gibt es auch viele Parks, 74 um genau zu sein. Der berühmteste, wie kann es anders sein?, ist der **Dow Gardens** mit Wasserfällen, Bächen, kleinen Brücken und schöner Landschaftsarchitekur. Er befindet sich gleich am Discovery Square, wo auch das **Midland Centre for the Arts** Zuhause ist. Der interessanteste Park ist jedoch zweifellos der **Chippewassee Park** mit einer hölzernen Brücke, die den Zusammenfluß von Tittabawassee und Chippewa überspannt. Von Bänken aus kann man bewundern, wie die Ströme sich vereinen. Außerdem findet in diesem Park ein großer Teil des sozialen Lebens von Midland statt, darunter open-air-Konzerte, die in den Monaten Juni und Juli jeweils donnerstags um 12 Uhr zu hören sind.

In unmittelbarer Nähe liegen der **Midland Farmer's Market,** eine Streichelwiese für die Kleinen (im Juli, sonntags 13—16 Uhr) sowie ein städtischer Kanuverleih. Die Kanus können in den Monaten April und Mai samstags und sonntags von 10—19 Uhr und in den Monaten Juni bis September täglich von 14—19 Uhr gemietet werden. Außerdem gibt es im Chippewassee Park Fitnesstrails, Uferpromenaden, Picknicktische und einen tollen Spielplatz mit hölzernen Geräten.

BAY COUNTY

Das gefällte Holz aus den Tälern wurde in den 32 Sägemühlen verarbeitet, die sich rund um Bay City an der Küste der Saginaw Bay erstrecken. Die Stadt war wohlhabend, denn Holzverarbeitung und Schiffsbau brachten eine Menge Geld ein. Wenn Sie mit dem Auto die **Center Avenue** hinunterfahren sehen Sie, wie ein Großteil des Geldes angelegt wurde. Die Holzbarone waren besessen davon, pompöse Häuser zu bauen und noch heute sind Besucherinnen und Besucher beim Anblick der restaurierten Anwesen schlicht überwältigt. In der Mitte dieser Straße mit Gebäuden aus der viktorianischen Ära finden Sie das **Historical Museum of Bay County,** in dem die Geschichte von Bay Citys goldener Zeit mittels dreidimensionaler Schaukästen erzählt wird.

Beeindruckender als die riesigen Anwesen ist jedoch **Bay City City Hall,** das 1894 im romanischen Baustil errichtet wurde und dessen beinahe 40 Meter hoher Uhrenturm die Skyline dominiert. Wenn Sie die 68 Stufen hinaufklettern, genießen Sie einen wundervollen Blick auf Bay City, den Saginaw River und die umliegende Landschaft. Im Ratszimmer hängt ein aus 500 verschiedenfarbigen Garnen handgewebter Chmielewska-Vorhang von einem jungen Künstler aus Polen. Dargestellt werden die historischen Gebäude der Stadt.

CITY HALL

301 Washington Avenue, Tel. 517/894-8147. Montags bis freitags 8—17 Uhr. Wenn Sie den Turm besteigen möchten (gratis), müssen Sie vorher im Zimmer 308 bescheidsagen.

ARENAC COUNTY

Iva's in **Sterling** ist längst nicht so bekannt und längst nicht so groß wie das bayrische Restaurant in Frankenmuth. Trotzdem fehlt es hier an nichts, wenn es darum geht, gegrillte Hähnchen, Suppe, warme Bisquits, Dips und braune Sauce auf Kartoffelbrei zu servieren. Das Restaurant gibt es bereits seit 1938, als Iva Ousterhout damit anfing, Zimmer ihres großen Bauernhauses an Feldarbeiter zu vermieten. Abends kochte sie für die hungrigen Männer — meistens Hühner, die sie von den umliegenden Geflügelfarmen bezog. Das hat sich bis heute nicht geändert. Ganz im Gegensatz zum Haus selbst. Als Reisende von Ivas Kochkünsten hörten, wurde allein die Küche dreimal umgebaut, um der steigenden Nachfrage gerecht zu werden. Außerdem wurden zusätzliche Eßzimmer ausgebaut.

Allen Umbauten zum Trotz erinnert das Haus immer noch an alte Tage und die Hähnchengerichte werden auf drei verschiedene Arten zubereitet: *southern* (in Panade gebacken), *american fried* (gekocht und dann auf einem Eisenblech gebraten) und gekocht. Steaks und Seafood sind ebenfalls erhältlich, aber die meisten Gäste kommen wegen der Hühnergerichte her.

Zu den Frühlingsritualen in Michigan gehört das Smelt-Dipping. Der Smelt ist ein silberfarbener Fisch, der mit einer in Bier getauchten Panade in siedendem Öl frittiert wird. Die Fangtechnik ist relativ simpel: Man wirft ein Netz in einer runden Bewegung da ins Wasser, wo die silbernen Tierchen gesichtet werden.

Mit etwas Glück haben Sie ihr Dinner bald zusammen. Einer der besten Fangorte ist die **Singing Bridge,** da wo die US 23 den Au Gres River überquert. Die Brücke ist dermaßen beliebt, daß zu beiden Seiten öffentliche Parks angelegt wurden, um den herbeiströmenden Smelt-Dippern besseren Zugang zu gewähren. Das Spektakel kann manchmal bis spät in die Nacht dauern. Sogar um 2 Uhr morgens sind die Dipper noch aktiv, und die Zuschauer am Flußufer werden nicht müde, dem Treiben zuzusehen.

Im **Singing Bridge Restaurant** (Tel. 517/362-2828) wird das passende Zubehör verkauft: Eimer, Netze und die fehlende Anglerlizenz. Und für diejenigen, die lieber essen als fischen wollen, kommt hier der Mittelpunkt des Interesses als leckere Delikatesse auf den Tisch.

IVA'S

In Sterling (ca. 35 Meilen nördlich von Bay City, von der Interstate 75 an der Sterling Road, Exit 195 in östliche Richtung abfahren) Tel. 517/654-3552. Von Mai bis Oktober mittwochs bis montags 11.30—20.30 Uhr. Im November und Dezember geschlossen. In den restlichen Monaten donnerstags bis sonntags geöffnet.

IOSCO COUNTY

Der vielleicht bekannteste Fluß aus der Zeit der Holzfällerei ist der Au Sable, der westlich von Grayling entspringt und zwischen den Orten Au Sable und Oscoda in den Lake Huron mündet. Ende des 19. Jahrhunderts, als man anfing, die Wälder abzuholzen, waren die Flößer auf dem Au Sable als "river rats" (Flußratten) und "bank beavers" (Uferbiber) bekannt. Das Holz brachten sie zu den Sägemühlen am Lake Huron. Heute gibt es eine 68 Meilen lange Autotour, die **Lumberman's Monument Auto Tour,** die im Herbst, wenn die Blätter sich färben, besonders schön ist. Die Tour beginnt in Tawas, wo Sie beim Chamber of Commerce eine kostenlose Landkarte bekommen Von Tawas aus geht es dann westlich weiter auf der M 55, dann rechts auf die Wilber Road bis zur Monument Road, die schließlich an der River Road endet. Nach einer halben Meile sehen Sie auf der rechten Seite den Eingang zum **Lumbermen's Monument.** Die 1931 errichtete Bronzestatue zeigt drei Flößer ("Logger"), die in absehbarer Zeit von wahrscheinlich denselben Bäumen umgeben sind, die sie damals abgeholzt haben. Das nahegelegene Museum vermittelt einen Eindruck von der damaligen Zeit, vor allem vom Typus des Holzfällers. Vom romantisierten Naturburschennaturell bleibt bei näherer Betrachtung nicht viel übrig: Sie waren in erster Linie billige Arbeitskräfte. Im tiefsten Winter arbeiteten sie für 2 Dollar zwölf Stunden lang. Kein Wunder, das die meisten ihren Job nur bis zum 35sten Lebensjahr ausüben konnten.

Weiter die River Road entlang kommt man nach 1,5 Meilen zum **Canoe Race Monument.** Das steinerne Denkmal war ursprünglich als Erinnerung an Jerry Curley errichtet worden, der beim Training für den Au Sable Kanu-Marathon starb. Heute steht es für alle, die an dem jährlichen Wettbewerb teilnehmen. Die 240 Meilen lange Kanufahrt zwischen Grayling und Oscada gehört zu den härtesten sportlichen Prüfungen des Landes.

Weiter westlich die River Road hinunter kommen Sie nach **largo Springs.** Iargo ist indianisch und bedeutet "many waters" (viele Wasser). Die Stammesmitglieder der Chippewa-Indianer benutzten gerne den 300-stufigen Saginaw-Mackinac-Trail, der zu den Quellen hinunterführt. Eine Kletterpartie, die auch Ihnen spaßmachen wird, zumal Sie am Ziel außer sprudelnden Quellen, die in den pinienüberschatteten Au Sable fließen, wunderbare Ruhe genießen können.

ALCONA COUNTY

Hinter Harrisville führt die U-23 zu zwei interessanten Sehenswürdigkeiten. Die erste ist die **Cedar Brook Trout Farm.** Wegen der hier nahezu idealen Aufzuchtbedingungen für Forellen wurde Cedar Brook, bereits 1951 gegründet, und als eine der ersten lizensierten Farmen in Michigan anerkannt. Der Schlüssel zum Erfolg ist vor allem den Kaltwasserquellen zuzuschreiben, die direkt in Tanks geleitet werden. Bei gleichbleibender Temperatur und hohem Sauerstoffgehalt fühlen sich die Forellen besonders wohl. Ein Großteil der hier gezüchteten Forellen geht an Angelvereine, die ihre Seen und Flüsse damit füllen. Aber auch Reisende können auf der Farm an eine gut 40 Zentimeter lange Forelle kommen. Das Wasser in den Teichen ist kalt und klar und man kann mühelos hunderte von Fischen herumschwimmen sehen. Wenn Sie etwas Futter hineinwerfen (können Sie aus einem Apparat ziehen), tummeln sich Dutzende um die besten Happen.

Wenn Sie von der Forellenfarm aus nördlich auf dem Lakeshore Drive entlangfahren, kommen Sie zur **Sturgeon Point Lifesaving Station** und einem Leuchtturm aus dem Jahr 1869. Der letzte Leuchtturmwärter verließ seinen Standort 1941, aber die Küstenwache kümmert sich weiter darum, daß ein Licht weithin zu sehen ist. Die Alcona County Historical Society machte sich 1982 daran, das Häuschen des Wärters zu renovieren und es der Öffentlichkeit zugänglich zu machen. Der Leuchtturm ist typisch für Michigan, so wie er sehen hier viele aus — das Besondere sind nicht nur der tolle Ausblick auf den Lake Huron sondern auch das Prismenpanorama, das sie nach anstrengenden 85 Stufen zu Gesicht bekommen. Alles was man benötigt, um ein weithin sichtbares Licht auf das Wasser zu reflektieren ist erstaunlicherweise zerbrochenes Glas und elektrisches Licht von nicht mehr als der Größe eines kleinen Fingers.

Das Haus der Leuchtturmwärters beherbergt heute ein Museum. Die fünf Zimmer in Parterre sind mit Möbeln aus der Zeit um die Jahrhundertwende eingerichtet. Die vier Zimmer im ersten Stock sind nach unterschiedlichen Themenbereichen unterteilt. Bilder von den Leuchtturmwächtern, Teile von Wracks und, vielleicht am interessantesten, die Geschichte der Kühlboxindustrie.

CEDAR BROOK

2,5 Meilen nördlich von Harrisville, Tel. 517/724-5241.
Von Ende Mai bis Ende August täglich 9—18 Uhr.

LIGHTHOUSE

Montags bis donnerstags 10—16 Uhr, samstags und sonntags 12—16 Uhr.

ALPENA COUNTY

Wo in den Anfängen eine Handvoll Siedler lebten, trat 1884 ein regelrechter Boom ein. Der Grund: wieder einmal das Geschäft mit dem Holz. Und als das nachließ, wurde aus Alpena die "Zementstadt", denn in der Gegend gab es große Vorkommen an Limestone, den man zur Herstellung von Zement verwendet. Hier wurde auch die

Besser Manufacturing Company gegründet, ein führendes Unternehmen in der Zementbranche. Die Bewohner von Alpena sind nicht nur stolz auf das einzige geschlossene Einkaufszentrum im Nordosten Michigans sondern auch auf ihre Geschichte. Deswegen haben sie damit begonnen, das historische Downtown in ein Old Town Alpena zu verwandeln.

In der Gegend rund um die North Second Street finden Sie viele kleine Läden,die bereits seit den 20er Jahren existieren. Einer der ungewöhnlichsten ist **The Country Cupboard,** gleichzeitig Trödel- und Gemischtwarenladen. Früher war hier eine Apotheke und der Charakter von damals ist so ziemlich der gleiche geblieben. Sie sehen alte Flaschen und Schachteln für Medizin und hunderte von Schubladen, die mit Kräutern und Pillen gefüllt sind. Als die Apotheke verkauft wurde, konnten sich Rita und Al Hess keinen besseren Ort für ihren Trödelladen vorstellen. Aus dem alten Warenlager verkaufen sie noch Wellington Tabak und Island-Moos, ein Kräutermischung für traditionelle Medizin.

THE COUNTRY CUPBOARD

102 North Second Street, Tel. 517/356-6020. Montags bis donnerstags 10—17.30 Uhr, freitags bis 20 Uhr und samstags bis 17 Uhr.

PRESQUE ISLE COUNTY

Der Zementhändler Jesse Besser hatte auch etwas für die Natur übrig: Ein kleines Stückchen Land, bestanden mit Pinien, die den Holzfällern auf wundersame Weise entgangen waren, spendete er 1966 den Einwohnerinnen und Einwohnern des Staates Michigan. Heute wird die **Besser Natural Area** vom Department of Natural Resources verwaltet. Das abseits gelegene Schutzgebiet erreichen Sie, wenn Sie von der US-23 auf die Landstraße 405 abbiegen und bis zum Südende des Grand Lake weiterfahren. Schönheit, Geschichte und absolute Ruhe erwarten Sie hier. Mitten durch das Schutzgebiet führt ein sandiger Fußweg, auf dem Sie an einer kleinen Lagune vorbeikommen, die früher einmal zum Lake Huron gehörte. Auf dem Grund der Lagune ist das Wrack eines alten Schiffes zu erkennen. Es lieferte Waren nach Bell, einer früher hier gelegenen Kleinstadt mit 100 Einwohnern, ein paar Häusern, einer Sägemühle, einem Saloon, einem Tante Emma Laden und einer Schule.

Von Bell ist nicht viel übriggeblieben, nur der Pier, ein Schornstein und die zusammengefallene Wand eines Gebäudes, dessen stählerner Safe und das Kühlfach auf den Saloon hinweisen. Am Ende des Spaziergangs kommen Sie an den ältesten und größten Pinien in Michigan vorbei. In der Besser Natural Area gibt es kein Besucherzentrum. Eine Broschüre mit Beschreibung des Spaziergangs finden Sie in einer kleinen Box am Beginn des Fußwegs.

Wer die US-23 abfährt, um zum östlichen Teil des Grand Lake zu gelangen, ist meistens an Leuchttürmen interessiert. Zum Beispiel am komplett renovierten **Old Presque Isle Lighthouse** mit dem dazugehörenden Museum (Grand Lake Road) oder **Lighthouse Park,** wo mit 30 Metern der höchste Leuchtturm an den Great Lakes zu sehen ist. Beide Attraktionen liegen am Ende der Landstraße 405. Ein weiterer Grund, in diesen Teil des Staates zu kommen, ist das **Fireside Inn.** Vor allem für diejenigen, die einen ruhigen Urlaub in einer kleinen Hütte am See verbringen möchten. Die Lodge wurde 1908 gebaut, später kamen Hütten im authentischen Stil der Holzfällerunterkünfte hinzu. In der Lodge dominieren rustikale Holzbalken, Planken als Fußböden und große Fenster mit Blick auf den Gand Lake. Seit dem Bau hat sich hier so gut wie nichts verändert. Zum Abendessen ruft immer noch eine Glocke und es gibt nur ein Gericht "Family Style". Anschließend kann man auf einer riesigen Veranda im Schaukelstuhl sitzen und die Ereignisse des Tages an sich vorüberziehen lassen.

Die Hütten sind hauptsächlich mit Holz eingerichtet und haben einen Kamin — man kann aber auch Einzelzimmer mieten, die sich in der Hauptlodge befinden.

THE FIRESIDE INN

Von der Country Road 405 Abfahrt Fireside Highway, Tel. 517/595-6369.

MONTMORENCY COUNTY

In den rauhen Hügeln rund um den kleinen Ort Lewiston liegt, auf einer Anhöhe, das **Lakeview Hills Country Inn.** Wenn Sie die steile Anfahrt hinunterkommen, erhebt sich das Gasthaus hoch über Ihnen. Es ist eine beeindruckende Lodge mit Schornsteinen, großen Fenstern auf allen vier Etagen, umgeben von Bäumen, im Winter abgeschnitten von der Außenwelt. Die Veranda, die das Haus umgibt, führt an jedem Zimmer vorbei und von den Schaukelstühlen aus blicken die Gäste entweder in die Bäume oder aber auf den East Twin Lake und den Ort Lewiston.

LAKEVIEW HILLS COUNTRY INN

Südlich von Lewiston, von der I-75 in Grayling Abfahrt M-72 und nach 23 Meilen nördlich auf die Country Road 485. Nach 21 Meilen Abfahrt auf die Fleming Road, Tel. 517/786-2000. Reservierungen telefonisch oder an P.O. Box 365, Lewiston, MI 49756.

OSCODA COUNTY

Eines von Michigan's Wahrzeichen ist das Rotkehlchen. Dieser kleine Vogel mit der gelben Brust, nicht größer als ein Spatz, gehört zu den gefährdeten Vogelarten. Er brütet ausschließlich in den Pinien Michigans. Seine Winter verbringt er auf den Bahamas und dann machte er sich auf in die Gegend zwischen Mio und Grayling, wo er Mitte Mai ankommt und im frühen Juli wieder verschwindet. Nur hier, in den Vogelschutzgebieten, können Ornithologen und Naturliebhaberinnen diese seltene Spezies sehen, von dem nur noch knapp 200 Paare existieren. Für die Öffentlichkeit sind die Brutstätten nicht zugänglich, aber Sie können sich der **Kirtland's Warbler Tour** anschließen. Sie ist gratis und wird gesponsert vom U.S. Forest Service.

KIRTLAND'S WARBLER TOUR

Nördlich von Mio an der M-33, Tel. 517/826-3252. Touren mittwochs, donnerstags und freitags um 7.30 Uhr, samstags und sonntags um 7.30 Uhr und 11 Uhr.

EINE KINDHEIT IN MICHIGAN

Von Nancy Wilsted

Michigan ist voll sinnlicher Reize, ein sehr fruchtbarer Staat mit einer hohen Luftfeuchtigkeit. Die Jahreszeiten sind intensiv mit extremen Übergängen. Wenn ich an Michigan denke, fallen mir sofort zwei Dinge ein: Wasser und Wälder. Ohne sie wäre Michigan nicht Michigan, und es ist unmöglich, ihnen zu entkommen. Wasser ist allgegenwärtig: in der Luft als Dunst, Nebel oder sturmartige Regenfälle, auf dem Boden als Tau, Frost, Eis oder Schnee und natürlich in den Gewässern selbst: in Flüssen, Teichen, Sümpfen und Tausenden von Seen. Mit Ausnahme der Great Lakes haben die Seen Michigans recht konkrete Namen: Mud Lake (Schlammsee), Long Lake (langer See), Clear Lake (klarer See), Blue Lake (blauer See), Trout Lake (Forellensee), Crystal Lake (Kristallsee) und Turtle Lake (Schildkrotensee). Wahrscheinlich stammen diese Namen von den ersten Einwanderern, die entweder nur sehr wenig Englisch konnten oder aber einfach einfallslos waren. Dabei können Sie nicht davon ausgehen, daß, wenn Sie einen dieser Seen gesehen haben, auch wirklich alle gesehen haben. Ich meine, irgendwo einmal gelesen zu haben, daß es in Michigan zwanzig Seen gibt, die Mud Lake heißen.

DIE "MICHIGANDER"

Fast alle Michigander, so heißen die Bewohner Michigans, haben ein eigenes Ferienhaus oder zumindest eines, das sie mieten oder von Freunden leihen können. Ferienhaus oder Cottage ist ein sehr dehnbarer Begriff, der von der kleinen Holzhütte bis zur Zwölfzimmer-Villa am Ufer des Lake Michigan so ziemlich alles beinhaltet. Die Direktheit und Freundlichkeit der Menschen aus dem Mittleren Westen sind entwaffnend. Und es wird Ihnen schwerfallen, in Michigan lange ein Fremder oder eine Fremde zu bleiben, auch wenn sie nur zu Besuch dort sind.

DER "FAUSTHANDSCHUH"

Auch ist es ein Staat, in dem Sie sich nicht so leicht verfahren werden. Jeder, den Sie nach dem Weg fragen, hat immer eine Karte parat: Da Michigan die Form eines Fausthandschuhs hat, muß er oder sie einfach nur die rechte Handfläche hochhalten. Meine Heimatstadt, zum Beispiel, liegt auf dem Schnittpunkt der Linie, die vom Ringfinger Richtung Handgelenk führt, und der Linie, die quer über die Mitte der Handfläche läuft. Auch die Bewohner der Upper Peninsula, auch Ober-Michigan genannt, werden ihre 'Handkarte' benutzen, um Ihnen zu zeigen, wie Sie sich dort zurechtfinden.

DIE ANFÄNGE

Ich stamme aus einer Möbelfamilie. Nach dem Krieg gründeten meine Eltern eine Art Catering-Unternehmen, das die Arbeiter der hiesigen Fabriken wie Gibson Refrigerator und Federal Mogul, mit warmem Essen versorgte. Es war eine harte und nicht sonderlich einträgliche Arbeit, und so schauten sich Mom und Dad nach anderen Möglichkeiten um. Nachdem sich unsere Nachbarninnen von gegenüber, zwei ältere Damen namens Miss Kirbride und Miss Nell, dazu entschlossen hatten, ihre Scheune nicht länger als Pferdestall zu nutzen, mietete mein Vater das Gebäude, um darin ein Gebrauchtmöbel-Geschäft aufzumachen. Das war 1950. Obwohl die Scheune unbeheizt war und noch in jeder Ecke Heuballen standen, war das Unternehmen ein Erfolg. Nach nur zwei Jahren zog "Don's Home Furniture" in einen Laden mit großen Auslagefenstern in der Main Street, ein paar Jahre darauf in ein riesiges Geschäft in Greenville, das rund eine Meile nördlich von uns lag. Aus "Don's Home Furniture" wurde "Don's Trading Post". Das Möbelgeschäft war grob in zwei Bereiche unterteilt: Auf der einen Seite gab es neue Möbel, auf der anderen gebrauchte, in Zahlung genommene Stücke.

NEUER WOHLSTAND

Meine Mutter erzählte mir, daß nach Kriegsende niemand die elterliche Wohnungseinrichtung übernehmen wollte. Michigan war ein blühender Staat und junge Leute konnten in der Automobilindustrie gut verdienen. Um ihren neuen Wohlstand auch zu zeigen, wollten sie türkisfarbene Sofasysteme aus Nylon anstelle der viktorianischen Love-Seats, der S-förmigen Sofas ihrer Eltern. Moderne verchromte Küchenmöbel sollten die Stühle und einfüßigen Tische aus Eiche ersetzen.

EIN TISCH AUS EICHE

Jahre später, als mein Vater sich zur Ruhe gesetzt hatte, erzählte er uns traurig: "Mit der Zeit hatten sich so viele dieser Eichentische angesammelt, daß ich nicht mehr wußte, wohin mit ihnen. Man bekam noch nicht einmal fünf Dollar für sie!" sagte er kopfschüttelnd. "Also sägte ich einfach die Tischbeine ab; die Tischplatten wurden unter neue Matratzen gelegt, die nicht auf dem Zementboden liegen sollten". Meine Freunde und ich stöhnten jedesmal, wenn wir diese Geschichte hörten. Heutzutage sind diese Stücke ein Seltenheit und kaum noch zu finden.

UNSERE KUNDEN

In unserer Stadt gab es zwei Möbelgeschäfte. "Greenville Furniture" lag etwas außerhalb und führte sogenannte "High-end"-Möbel, also die etwas edleren Sachen wie Ethan Allen, Broyhill und Spezialanfertigungen aus Grand Rapids. Das zweite Möbelgeschäft war das meines Vaters. Es lag in der Innenstadt und verkaufte etwas billigere Einrichtungen, obwohl ich sagen muß, daß sich die Qualität der Möbel mit der Zeit sehr verbesserte. Ich persönlich bervorzugte die Möbel der Konkurrenz. Die Qualität und das Design der Greenville-Stücke war einfach besser. Dafür waren die Kunden in unserem Geschäft, für meinen Geschmack, allerdings um einiges netter. Bei meinem Vater kauften hauptsächlich Lehrer, Fabrikarbeiter und Bauern, einfache Leute, aber immer gutgelaunt.

ERINNERUNGEN

Unsere Familie traf sich oft mit den anderen Möbelfamilien der Gegend. Zu unseren engsten Bekannten gehörten die Honsons, die eine Stuhlfabrik im nahegelegenen Ionia besaßen. Ich erinnere mich noch gut daran, wie ich mit den Honson-Mädchen in der Fabrik spielte, wir uns die Korridore hoch- und runterjagten, zwischen Haufen von Sprungfedern hin- und herliefen und auf Juteberge kletterten, die später einmal zu Stuhlkissen verarbeitet wurden. Ich wußte genauso gut über die Anfertigung und Bestandteile der Möbelstücke Bescheid wie über das fertige Produkt. Mir gefiel so ziemlich alles an der Fabrik: der Geruch der Beizmittel, die Angestellten in ihren Kappen und Schürzen und das riesige Lagerhaustor, das offen stand, damit die verpackten Stühle auf die schon wartenden Kleinlaster geladen werden konnten.

DIE ANLIEFERUNG

Von diesen Kleinlastern beliefert zu werden, war für meinen Vater allerdings weniger spaßig. So manch ein Sonntagsessen wurde unschön vom Telephonklingeln unterbrochen. Am anderen Ende war meist einer der Fahrer, der sich wegen schlechten Wetters oder zuviel Verkehr verspätet hatte. Mürrisch sagte dann mein Vater, daß er erst einmal zu Ende essen würde. Doch meistens stand er schon bald darauf auf und verschwand in Richtung Möbelgeschäft. Manchmal gelang es ihm noch, einige der für uns arbeitenden Männer herbeizuordern; meistens blieb es aber an meinem Vater und dem Fahrer hängen, die Möbel abzuladen – oft bis spät in die Nacht.

DIE ANGESTELLTEN

Im Geschäft meines Vaters arbeiteten normalerweise sechs Leute: einige Verkäufer, ein Buchhalter und dann die 'Boys', Männer, die die Möbel reparierten, zusammenbauten und auslieferten. Manche waren besser als andere. Einige behielt mein Vater nur, weil sie besonders geschickt im Reparieren und im Beizen der Möbel waren. Es gab nur wenig Leute, die das wirklich gut konnten. Meine Mutter hatte bei alledem keine offizielle Rolle, doch inoffiziell war sie diejenige, die alles am Laufen hielt. Mein Vater war ein großzügiger, aber oft sehr ungeduldiger Arbeitgeber. Meiner Mutter fiel die Aufgabe zu, die Angestellten aufzuheitern, die Kunden zu bedienen und so manches wieder auszubügeln.

AUF MÖBELMÄRKTEN

Ich glaube, daß viele der Probleme und Sorgen, die mit dem Besitz eines Geschäfts verbunden sind, für meine Eltern durch eine Sache wettgemacht wurden: die Besuche von Möbelmärkten. Jedes Jahr fanden vier solcher "Furniture Markets" statt. Meine Eltern besuchten normalerweise die beiden nächstgelegenen Märkte in Chicago und in Grand Rapids. Doch manchmal fuhren sie sogar bis nach High Point in North Carolina. Der "Grand Rapids Furniture Market" war etwas kleiner, aber sehr beliebt, da die Möbelmacher von Grand Rapids in der ganzen Welt für ihre gute Arbeit bekannt sind. Der Chicagoer Möbelmarkt war immer besonders spannend: Quer über den Lake Michigan ging es per Flugzeug nach Chicago, wo meine Eltern in Hotels wie dem Drake oder dem Palmer House abstiegen, bei Diamond Jim's aßen, in Jazzclubs in der Michigan Avenue oder der State Street gingen und bei Marshall Fields oder Sak's einkauften. Natürlich taten ihnen hinterher immer schrecklich die Füße weh.

SOUVENIRS

Alles was wir Kinder, mein Bruder und ich, von diesen Abenteuern hatten, waren Souvenirs, wenn auch schöne. Einmal haben sie mir einen großen schwarzen Stoff-Pandabären mitgebracht, den ich BoBo taufte. Und die silberne Brosche in Form eines Handspiegels, auf deren Rückseite der Chicagoer O'Hare-Flughafen abgebildet ist, habe ich noch immer. Als mein Bruder und ich dann etwas älter waren, durften wir meine Eltern bei ihren Fahrten auf Möbelmärkte begleiten. Was wir dabei erlebten, übertraf all unsere Erwartungen.

DIE LOTTERIE

Jedes Jahr zu Weihnachten fand in unserer Stadt eine Lotterie statt, die unser Geschäft unterstützte. Verlost wurden anfangs nur Möbel oder Teppiche. An einem Weihnachten allerdings gab es einen riesigen Strumpf gefüllt mit Spielsachen und Malbüchern zu gewinnen. Ich erinnere mich noch genau an die Gene-Autrey-Gitarre aus Plastik, den Arztkoffer und das Cowboy-Kostüm. Dieser Strumpf-Gewinn war für die Stadt wirklich eine Neuheit, die eine unglaubliche Aufmerksamkeit erregte und sehr viele zum Mitspielen veranlaßte. Mom wußte immer, welchen Familien in der Stadt es gerade gut ging und welchen schlecht. In jenem Jahr hatte eine kinderreiche Familie besondere finanzielle Schwierigkeiten. Sie hatten große Mühe, die Anzahlung für die Schlafcouch zu leisten, die sie so dringend benötigten. Eines Abends verkündete meine Mutter beim Abendessen, daß sie beschlossen hatte, die Ziehung des Gewinners ein bißchen zu manipulieren. “Das kannst Du nicht machen”, rief Dad. Aber Mom sagte nur: “Doch, Du wirst schon sehen!, wenn ich für diese Familie nicht die Glücksfee spiele, wird es für sie überhaupt kein Weihnachten geben!” Wie wollte sie das bloß anstellen?

AM TAG DER ZIEHUNG

Als der Tag der Ziehung endlich gekommen war, wurde allen stolz der prall gefüllte Riesenstrumpf gezeigt. Um dem großen Ereignis beizuwohnen, hatte sich eine beträchtliche Menschenmenge eingefunden. Als es dann soweit war, stieg meine Mutter mit meiner kleinen Cousine Joyce Ann auf das Podest. Joyce Ann, die noch zu klein zum Lesen war, griff mit ihrem Arm in das enorme Aquarium, zog ein Los heraus und gab es meiner Mutter. ‘Überrascht’ schnappte meine Mutter nach Luft, dann verkündete sie mit einem Engelsgesicht den Namen der Familie, die für sie schon lange der Gewinner war. Sie steckte das Los in ihre Jackentasche und niemand außer uns erfuhr jemals die Wahrheit. Die ‘Boys’ brachten der Familie nicht nur den Riesenstrumpf, sondern auch ihre neue Schlafcouch – mit einem Zettel, auf dem stand: Bezahlt!

TUDOR ODER WAS?

Obwohl meine Eltern in ihrem Geschäft nicht besonders edle Einrichtungsstücke verkauften, schätzen sie schöne Möbel. In jeder Ecke unseres Hauses stand ein anderes Stück. Von uns Kindern wurde erwartet, daß wir uns mit Möbeln auskannten und beschäftigten. Mom sagte Dinge wie: “Hol’ mir doch bitte meinen Pulli aus der Kiefer-Truhe”. Das hieß, wir mußten wissen, was eine Truhe war, und falls es zwei gab, welche aus Kiefer war. Schon als kleine Kinder wußten wir, welche die Stühle im Queen-Anne-Stil und welche die Klapptische waren, außerdem konnten wir die verschiedenen Furniere unterscheiden. Heute macht es mir riesigen Spaß, durch einen

Antiquitätenladen zu schlendern und dabei die Stile und Holzsorten der Möbel zu bestimmen.

ANTIQUITÄTEN

Ich kann mir nicht vorstellen, daß es jemanden gibt, der schöne Möbel mag und sich nicht auch für Antiquitäten interessiert. Antiquitäten waren nämlich die zweite große Leidenschaft unserer Familie. Tante Mimi sammelte europäische und englische Figurinen, Tante Betty schwärmte für 'primitive' Kunst aus der Kolonialzeit und Mom liebte farbiges Glas und viktorianischen Schmuck. Manchmal zwängten wir uns alle zusammen ins Auto und fuhren aufs Land. Die besten Sachen entdeckten wir an dreckigen Landstraßen, wo uns kleine handgeschriebene Schilder mit der Aufschrift "Junk" oder "Used Furniture" zu wahren Fundgruben führten, meistens in alten Schuppen oder ungeheizten Scheunen. Sehr beliebt waren auch Auktionen. Wenn es auf einer dieser Veranstaltungen besonders voll war, lehnte sich Mom zu uns herüber und flüsterte ihren Schlachtruf: "Ellbogen raus!"

AUF DER SUCHE

Ob Antiquitäten oder etwas anderes, Michiganders scheinen immer auf der Suche nach etwas zu sein. Vielleicht weil die Winter lang sind, und man ohne ein Hobby kaum überleben kann. Oder vielleicht, weil die meisten Bewohner Michigans Nachfahren hart arbeitender Bauern sind und so das Verlangen haben, mit ihren Händen oder ihrem ganzen Körper zu arbeiten. Auf jeden Fall erinnere ich mich noch wie gestern an die Kunstfertigkeit und Mühe, mit der ausgefallene Fischköder gemacht, schöne Quilts genäht und bunte Gärten angelegt wurden. Ich könnte noch stundenlang über den Ort meiner Kindheit und Jugend erzählen. Viel wichtiger jedoch: Besuchen und erleben Sie Michigan selbst. Vergessen Sie dabei nicht, eine der Landstraßen entlang zu fahren, an einem Straßenstand einen Apfel zu kaufen - und zu essen. Und vor allem vergessen Sie nicht, am Ufer eines friedlichen Sees einen der unvergeßlichen Sonnenuntergänge zu genießen. (Wie wär's mit dem Mud Lake?)

Nancy Wilsted stammt aus Greenville, Michigan, wo sie die ersten 23 Jahre ihres Lebens verbrachte. Heute lebt sie in Colorado Springs im Bundesstaat Colorado. Nancy Wilsted arbeitet als freie Autorin und Vortragsrednerin.

Anja Steinke aus Heidelberg fertigte die Übersetzung an.

THE HEARTLAND

In den 30er Jahren des 19. Jahrhunderts grassierte das "Michigan Fever". Die Pioniere und ihre Familien kamen die Ostküste entlang durch den Erie Kanal, gelangten nach Detroit und dann ging es weiter auf der gerade fertiggestellten Detroit-Chicago Road, die durch den Süden der unteren Halbinseln führte. Viele waren von der hügeligen Landschaft Michigans angetan. Der Boden war fruchtbar und das Land billig: Die Regierung verkaufte einen Acre (weniger als ein halber Hektar) für nur 1.25 $.

Zwischen 1825 und 1855, als der Zustrom am stärksten war, entstanden die Großstädte Kalamazoo, Lansing, Battle Creek, Jackson und Grand Rapids — alle im Herzen des Staates Michigan gelegen. Aber das Heartland, die einzige Gegend ohne direkten Zugang zu den Great Lakes, ist immer noch überwiegend agrarisch. Mit den rotgestrichenen Scheunen und unendlichen Haferfeldern — dem Geburtsort von Kellog's Cornflakes — und Trödlern, die bei den Bauern nach Möbel und Schnickschnack suchen, mit denen sie dann ihre Läden ausstatten.

Die lebendigen Städte, jede einzelne mit interessanten Zentren, in denen es auch ein Nachtleben gibt, sind beliebte Ziele für solche Touristen, die auf sechsspurigen Highways schnell von einer zur anderen gelangen wollen. Die einzigartige Natur in dieser Region kann man jedoch nur von zweispurigen Landstraßen aus entdecken. Sie führen Sie vorbei an den Pferdekutschen der Amischen, durch Dorfstraßen und zu kleinen Bauernmärkten auf denen die Ernte des Sommers angeboten wird. Nur hier können Sie die wahren "Früchte" von Michigan's Heartland ernten.

LENAWEE COUNTY

Im Norden von Lenawee County liegen die berühmten Irish Hills, eine hügelige Landschaft mit Teichen und Seen. Die US-12 führt genau durch die Mitte dieser beliebten Gegend und führt an vielen Touristenattraktionen vorbei: Minigolfplätzen, Go-Cart-Rennbahnen, einem Dinosarierpark, einem anderen Park namens Stagecoach Stop U.S.A., an Motels, Andenkenläden und sogar an einer international bekannten Autorennbahn, auf der Indy Car Races stattfinden. Diese Ansammlung von neuzeitlichem Amusement kann leicht dazu

The Heartland

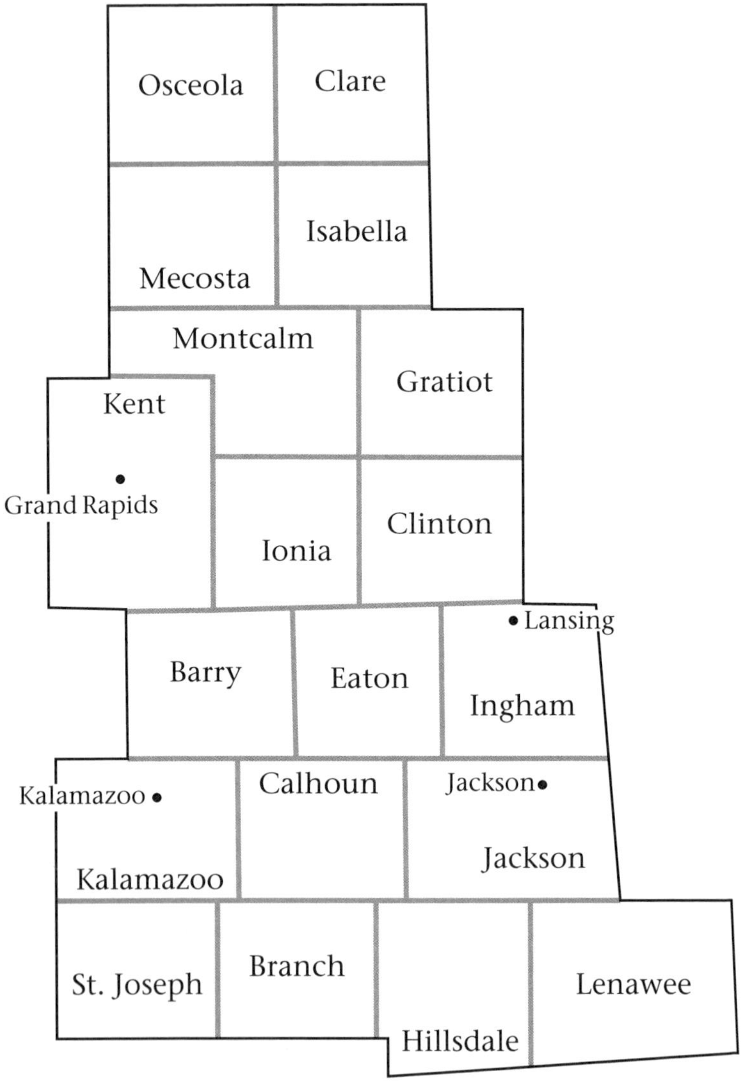

führen, eine der interessantesten (und wahrscheinlich der einzigen ohne Eintrittsgeld) Attraktionen zu übersehen: **Walker Tavern.** Die weiße Taverne liegt im Cambridge State Historic Park an der US-12, und das mit gutem Recht. Der Highway war ursprünglich ein Indianerpfad und wurde später zur Postkutschenverbindung zwischen Detroit und Chicago. Die Ära dauerte von 1835 bis 1855. Auf den wackeligen Wagen fuhren die Passagiere manchmal bis zu 50 Meilen am Tag, mit der Absicht, Chicago in 5 Tagen zu erreichen. Entlang des Weges gab es unzählige Postkutschenstationen, unvermeidlich zu dieser Zeit. Hier konnten die Reisenden nicht nur übernachten (zwei oder drei Passagiere teilten sich für 25 Cents pro Nacht ein Bett), hier gab es auch etwas zu essen. Um 1830 herum hatte die Walker Tavern den Ruf, daß man hier am besten essen könne. Der Besitzer Sylvester Walker betrieb nicht nur das Gasthaus, sondern auch eine kleine Farm. Und seine Frau Lucie vollbrachte in ihrem Steinkohleofen wahre Backkunste.

Eine typische Mahlzeit in der Walker Tavern besteht aus Hühnereintopf, Biscuits, Maisbrot, Kuchen mit Apfelsauce und Kürbisbrei. Die Taverne steht heute noch an ihrem ursprüglichen Platz. Pub, Eßzimmer und die Küche wurden renoviert.

Ebenfalls in den Irish Hills liegen die **Hidden Lake Gardens.** Für die hügelige Gartenlandschaft waren einst Gletscher verantwortlich und als sie irgendwann schmolzen, ließen sie Täler, kleine Erdhügel, Bergketten und trichterförmige Erdversenkungen zurück. Harry A. Fee setzte alles daran, dieses Naturschauspiel zu erhalten. Für ihn war es Liebe auf den ersten Blick, die ihn mit dieser Landschaft verband und 1926 erwarb er 100 Hektar inklusive eines Sees. Unter Fee's Leitung entstanden die Gärten, wurden Anpflanzungen gemacht. 1945 schenkte er sie der Michigan State University. 1966 kam ein Besucherzentrum hinzu und heute umfassen die Hidden Lake Gardens über 300 Hektar Land mit sechs Meilen pittoresker einspuriger Straßen, fünf Meilen Wanderwegen zu den abgelegensten Stellen und mehr als 2.500 Pflanzenarten.

WALKER TAVERN

Cambridge State Historical Park, an der Straßenkreuzung von US-12 und M-50, 25 südlich von Jackson, Tel. 517/467-4414. Geöffnet täglich von Ende Mai bis Ende August 10—17 Uhr.

HIDDEN LAKE GARDENS

An der M-50, zwei Meilen westlich von Tipton, Tel. 517/431-2060. Von März bis November täglich ab 8 Uhr geöffnet.

HILLSDALE COUNTY

1827, während der Arbeiten an der Detroit-Chicago Road, verliebte sich einer der Vormänner, Captain Moses Allen, in die fruchtbare Landschaft des St. Joseph Valley. Das führte schließlich zu einem kleinen Dorf mit Häusern und Läden, die als "Allen's Prairie" bekannt wurden, der ersten weißen Siedlung westlich von Tecumseh. Hillsdale County hat hier seinen Ursprung und die Stadt **Allen** ist überall als "Antique Capital of Michigan", der Trödelhauptstadt von Michigan, bekannt.

Das fing mit einem Flohmarkt in den späten 60ern an und schon bald darauf kamen Hunderte von fliegenden Händlern aus verschiedenen Staaten zu der Straßenkreuzung US-12 und M-49. Schließlich wurden aus den provisorischen Ständen kleine Läden. In dieser ruhigen Kleinstadt mit nicht mehr als 300 Einwohnerinnen und Einwohnern gibt es mehr als ein Dutzend "Antique Malls" mit jeweils etlichen Händlern, und zahlreiche andere Läden, alle an einem Teilstück der US-12 gelegen.

Der größte Laden heißt **Greentop Country Village** (Tel. 517/869-2100). Hier stellen mehr als 40 Händlerinnen und Händler ihre Waren aus. Die beste Zeit, Allen einen Besuch abzustatten sind die Wochenenden von Memorial Day (letzter Montag im Mai), von Labor Day (Ende August) und am 4. Juli.

Wenn Sie von Süden aus nach Allen kommen, sollten Sie einen Abstecher in das kleine Dorf **Litchfield** machen. In der Stadtmitte steht die Litchfield Town Hall und in den riesigen Fenstern ist die **Litchfield Community Hand Tool Collection** ausgestellt. In einem einzigen Schaufenster sehen Sie 75 Ausstellungsstücke aus der Jahrhundertwende, alle numeriert, so daß Sie auf einer Liste nachlesen können, worum es sich handelt. In den drei kleineren Fenstern im ersten Stockwerk gibt es noch mehr Werkzeuge zu sehen und die Sammlung wird zunehmend größer. Es ist abzusehen, daß eines Tages ein Werkzeugmuseum gebaut werden muß.

ST. JOSEPH COUNTY

Zu den Dingen, für die sich der Durchschnittstourist normalerweise nicht so sehr interessiert, gehören Zauberei und Magie. Nicht nur daß der berühmte Zauberer Harry Houdini in Michigan verstarb, auch darüber hinaus kann der Staat auf tiefe Wurzeln in der Kunst der Illusion und der Zauberei verweisen. Einer der bekanntesten Zauberer der 20er Jahre, Harry Blackstone, ging in Michigan auf Tournee. Er kam auch durch die Stadt Colon, wo es ihm offenbar so gut gefiel, daß er dort 1926 Land erwarb. In den Wintermonaten ging er mit seinen Zauberkunststücken auf Achse, den Sommer verbrachte er in Colon und erfand neue Tricks. Eines Tages besuchte ihn der australische Kollege Percy Abbott, der sich bei dieser Gelegenheit nicht nur in eine Frau aus Colon sondern auch in die Gegend verliebte. Abbott hatte vom Herumreisen sowieso genug, zog nach Michigan und gründete zusammen mit Blackstone eine Firma für Zauberzubehör.

Die Partnerschaft war nach acht Monaten vorbei, aber der Australier ließ sich von seinen Plänen nicht abbringen und gründete 1933 **Abbott's Magic Manufacturing Company.** Heute ist das schläfrige Dorf Colon Synonym für die größte Zauberartikelfirma der Welt und auf jeden Fall einen Halt wert, auch wenn Sie noch nie einen Kartentrick versucht haben. Die Wände sind mit Postern von bekannten Zauberern geschmückt, allen voran natürlich David Copperfield, der hier auch Kunde ist. Und immer ist ein Zauberer vor Ort, um seine Kunst vorzuführen. Jedes Jahr findet in Colon das "Magical Get-Together" statt, bei dem bis zu tausend Amateur- und Profizauberer in der Aula der High School ihr Können zeigen.

Wer vom Kult um die Zauberer dann immer noch nicht genug hat, kann im **Colon Community Museum** noch mehr magische Memorabilien, darunter viele Fotos von den Blackstones und den Abbotts, betrachten.

ABBOTT'S MAGIC MANUFACTURING COMPANY

124 St. Joseph Street (Colon), Tel. 616/432-3235. Montags bis freitags 8—17 Uhr, samstags bis 16 Uhr.

COLON COMMUNITY MUSEUM

219 North Blackstone Road (in einer alten Kirche). Dienstags, donnerstags und sonntags 14—16.30 Uhr.

JACKSON COUNTY

Auf der unteren Halbinsel gibt es zwar keine Wasserfälle (die der oberen Halbinsel so viel Charme verleihen), aber Jackson wartet mit den **Cascades** als Touristenattraktion auf. Angeblich sollen sie die größten künstlichen Wasserfälle in Nordamerika sein, initiiert von "Captain" William Sparks, einem bekannten Industriellen und Philantropisten. Sie entstanden bereits in den 30er Jahren, als Sparks der Stadt einen Park schenken wollte, der mit etwas ganz Besonderem aufweisen konnte, das keine andere Stadt in Michigan zu bieten hatte.

Bei den Cascades handelt es sich um 18 separate Wasserfälle, wobei das Wasser von einem zum anderen fließt. Sechs Fontänen, unterschiedlich in Größe und Machart, pumpen mehr als 3.000 Gallonen Wasser in die Höhe und 1.200 farbige Lichter tauchen das Ganze allabendlich in ein Spektakel aus Farben, Licht und Musik. Die gesamten Wasserfälle sind 150 Meter hoch und wer alles ganz genau ansehen möchte, kann die 129 Stufen entlang der Kaskaden erklimmen. Natürlich nicht, ohne dabei naß zu werden. Wer es gemütlich mag, bleibt im Amphitheater sitzen und schaut sich alles in Ruhe an.

Zwei Astronauten, James S. McDevitt und Lieutenant Colonel Alfred M. Worden, stammen aus Jackson. Diesen beiden, und natürlich allen anderen Astronauten, wird im **Michigan Space Center** eine besondere Ehrung zuteil. Die Goldkuppel des Centers und die 20 Meter lange Mercury Rakete bilden den Mittelpunkt des Zentrums. Rundherum sind mehr als ein Dutzend anderer Raketen und Triebwerke ausgestellt.

Im Besucherzentrum können Sie die Geschichte der Raumfahrt von den allerersten Weltraumabenteuern bis zum Challenger-Unglück zurückverfolgen. Zu sehen sind außerdem ein Schaltpult aus der Apollo 9, die Kapseln von Mercury und Gemini sowie diejenige, die zum erstenmal in der Geschichte bemannt war – und zwar mit Schimpansen. Besucher können Helme aufsetzen, ihr Lebendgewicht auf Mars, Venus und Jupiter ausrechnen lassen und einen Stein vom Mond bewundern, der die Nummer 15555 trägt.

Zehn Meilen südwestlich von Jackson liegt eine Stadt, die im viktorianischen Stil erbaut wurde: Concord. Hier steht das **Mann House,** ein Geschichtsmuseum. Das dreigeschossige Gebäude wurde im Jahre 1883 von den Siedlern Daniel und Ellen Mann erbaut. Ihre beiden Töchter Jessie und Mary Ida erbten das Haus und behielten die ursprüngliche Einrichtung ihrer Eltern, die aus dem Jahr 1870 stammt. 1969, nach dem Tod der beiden, ging das Gebäude in den Besitz der Michigan Historical Commission über. Ein Gang durch die acht Zimmer kommt einem Trip in das 19. Jahrhundert gleich. Das Schachbrett wartet auf die Spieler, der Eßtisch auf Speisende; Spielzeug, Bücher und allerlei Schnickschnack finden sich in den Kinderzimmern.

MANN HOUSE

205 Hanover Street, Concord, Tel. 517/524-8943.
April bis Ende September dienstags bis freitags 10—16.30 Uhr, samstags und sonntags 13—17 Uhr.

CALHOUN COUNTY

CASCADES

Zu erreichen über die I-94, dann Exit 138 und nach drei weiteren Meilen sehen Sie die Wasserfälle ausgeschildert. Tel. 517/788-4320.

MICHIGAN SPACE CENTER

Von der I-94 Exit 142 (US-127), dann südlich etwa sechs Meilen weiter bis zur Ausfahrt auf die M-50. Dann links auf die McDevitt Street, an der nächsten Ampelkreuzung wieder links (Hague Street) und zwei Meilen bis zum Jackson Community College. Tel. 517/787-4425. Geöffnet Januar bis April donnerstags bis samstags 10—17 Uhr, Mai bis Ende August montags bis samstags 10—17 Uhr und sonntags 12—17 Uhr. Nach den Öffnungszeiten in den Monaten September bis Dezember müssen Sie sich telefonisch erkundigen.

Homer ist eine Kleinstadt in der südöstlichsten Ecke des Staates und sein beeindruckendstes Gebäude ist eine Mühle am Ufer des Kalamazoo. Während des Ersten Weltkrieges beabsichtigte die US-Regierung, die schwarzen Walnußbalken in Propeller zu verwandeln. Kleiner als die Mühle ist das **Homer Fire Museum.** Das Haus aus roten Ziegelsteinen mit den gewölbten Fenstern und dekorativem Gesims stammt aus dem Jahr 1876. Bevor es als Feuerwache diente, war es Stadthalle, Gefängnis und Theatersaal. Seit 1983 ist es schließlich ein Museum, in dem Schutzanzüge und allerhand andere Ausstattung der Feuerwehrleute ausgestellt ist.

Der beste Tag, dem Museum einen Besuch abzustatten ist der 4. Juli. Dann findet in Homer das traditionelle Firehall Pancake Breakfast statt und zwar von 7 bis 11 Uhr. Bis zu 500 Leute frühstücken dann an langen Tischreihen in der neuen Feuerwache um anschließend in den Memorabilien aus alten Zeiten herumzustöbern.

Battle Creek ist den meisten als Ursprungsort der Kellog's Cornflakes und Austragungsort eines Heißluftballon-Festivals mit tausenden von Zuschauern bekannt. Obwohl die berühmten Touren durch die Fabrikhallen von Kellog nicht mehr durchgeführt werden und die Heißluftballons auch nicht mehr jedes Jahr in die Lüfte steigen gibt es in Battle Creek etwas zu sehen. Den **Binder Park Zoo,** eine wirklich ungewöhnliche Ansammlung von Fauna und Flora. Der Zoo befindet sich südlich der Stadt in einem kleinen Waldstück. Anstelle von Käfigen, die sich aneinanderreihen, ist Binder Park eher ein Spaziergang durch den Wald, vorbei an Tiergehegen, die sich in die heimische Flora und Fauna anpassen. Auf einem Trail sehen Sie beispielsweise Wölfe, Rehe und graumützige Eulen, auf einem anderen Bison, Präriehunde und weißmützige Eulen. Im Harper Creek können Sie hungrige Forellen füttern, in anderen Abschnitten Zebras, Riesenschildkröten und sogar Adler beobachten.

Beeindruckend jedoch auch der "Zoo im Zoo", die neuste Attraktion, exklusiv für die Kids. Die können hier winzige Ziegen, Esel, Kaninchen, Pferde und Schweine streicheln. Drumherum befindet sich ein Spielplatz mit einem Kletterbrontosaurier und einem großen Spinnennetz, in dem sie herumturnen können.

HOMER FIRE MUSEUM

Homer, Homer City Offices, Tel. 517/568-4311. Keine offiziellen Öffnungszeiten. Eine Stadtangestellte wird Ihnen das Museum aufschließen.

BINDER PARK ZOO

Von der I-94 Exit 100 South auf die Beadle Lake Road. Dann ist der Zoo ausgeschildert. Tel. 616/979-1351. Mitte April bis Mitte Oktober montags bis freitags 9—17 Uhr, samstags und sonntags bis 18 Uhr.

KALAMAZOO COUNTY

Das **Kalamazoo Aviation History Museum** ist den Flugzeugen und deren Rolle beim Erfolg der Alliierten im Zweiten Weltkrieg gewidmet. Die Flugzeuge sind nicht nur als Museumsstücke ausgestellt, sie funktionieren sogar noch. In einem Videoraum können Sie historische Filmaufnahmen ansehen, in einem anderen Bereich Mechanikern bei der Restaurierung von Neuerwerbungen auf die Finger schauen. Ausgestellt sind 22 Flugzeuge, von denen 15 betriebtüchtig sind. Wenn eines aus dem Hangar geholt wird und zu einer Flugdemonstration über den kleinen Airport startet, ist das natürlich der Höhepunkt des Tages. Die genaue Uhrzeit der Flugdemonstration wird täglich neu bekanntgegeben. Die Zuschauerinnen und Zuschauer haben anschließend Gelegenheit, sich mit den Piloten zu unterhalten.

Am Rande von Kalamazoo befindet sich das **Celery Flats Interpretive Center**. Hier wird die Geschichte der Holländer dokumentiert, die aus dem in dieser Gegend vorherrschenden Feuchtgebiet eine der fruchtbarsten Anpflanzungen für Sellerie machten. Von 1890 bis in die 30er Jahre sah man zwischen Kalamazoo, Portage und Constock riesige Selleriefelder, bekannt unter dem Slogar "fresh as dew from Kalamazoo". (frisch wie Tau aus Kalamazoo). In dem Center sind eine aus einem Zimmer bestehende Schule und eine Saatmaschine aus dem Jahr 1931 zu sehen. Außerdem kann man hier Kanus mieten und die umliegenden Feuchtgebiete durchstreifen.

KALAMAZOO AVIATION HISTORY MUSEUM

2101 East Milham Road, Tel. 616/382-6555. Montags bis samstags 10—17 Uhr, sonntags 13—17 Uhr. Sie können mit dem Auto bis an die Hangars heranfahren, oder, wenn Sie ein eigenes Flugzeug besitzen, natürlich auch einfliegen. Ob dann für Sie ein roter Teppich ausgerollt wird, ist nicht bekannt.

CELERY FLATS INTERPRETIVE CENTER

Von der I-94 Exit 76A und dann 2,5 Meilen südlich auf der South Westedge Avenue und anschließen eine halbe Meile auf der Garden Lane, Tel. 616/329-4518. Mai bis September donnerstags, freitags und sonntags 12—18 Uhr, samstags 10—18 Uhr.

BARRY COUNTY

Und wieder einmal bekommen wir es mit Autos zu run. Donald Gilmore restaurierte einst seinen alten Pierce-Arrow Baujahr 1920 vor seinem Sommerhaus am Gull Lake, doch seine Arbeit zog sich bis in die kältere Jahreszeit hinein, so daß er nicht nur ein Zelt, sondern auch eine Heizung aufstellen mußte, um nicht zu frieren. So konnte man einfach nicht an einem klassischen Modell arbeiten! Kurz entschlossen hielt Gilmore nach Scheunen Ausschau, kaufte noch mehr Oldies hinzu und machte seine Ausstellung ein paar Jahre später der Öffentlichkeit zugänglich. Mittlerweile gibt es nicht nur seine Sammlung sondern auch die des Classic Car Club of America zu sehen. Heute beherbergen die **Gilmore-Classic Car Club of America Museums** in 22 Scheunen über 120 Oldtimer in hervorragendem Zustand. Der Düsenberg Baujahr 1929 bekommt die größte Aufmerksamkeit der Besucher. Andere Besucher sind jedoch eher von den 15 Rolls Royces fasziniert vom Silver Ghost Baujahr 1910 bis zum Phantom III Baujahr 1938.

GILMORE-CLASSIC CAR CLUB OF AMERICA MUSEUMS

An der Straßenkreuzung M-43 und Hickory Road, 7 Meilen nördlich von Richland, Tel. 616/671-5089. Mitte Mai bis Mitte Oktober täglich 9—17 Uhr.

LANSING

In der Hauptstadt von Michigan finden Sie den **River Front Park**, eine wunderschöne städtische Parkanlagen. Der Grüngürtel erstreckt sich zu beiden Seiten des Grand River von der Kalamazoo Street bis zur North Street drei Meilen flußabwärts. Ein Fußweg, mal am Fluß entlang, mal durch den Park, führt durch die gesamte Anlage hindurch. Auf diesem Spazierweg gibt es einige interessante Entdeckungen zu machen und man könnte den ganzen Tag damit verbringen, von einer zur nächsten zur wandern. Am Südende des Parks liegt das **R.E. Olds Transportation Museum,** das der "Geschichte der Fortbewegung" in Lansing gewidmet ist, wo früher 15 verschiedene Automobilmarken hergestellt wurden. An die 20 Autos, vom ersten Oldsmobile aus dem Jahr 1897 bis zu einem Rennwagen stehen in dem alten Busbahnhof nebeneinander.

Gleich nebenan finden Sie das **Impression 5 Museum,** das als "Exploratorium" für Kinder und deren Eltern bezeichnet wird. Die

240 Schaukästen und Ausstellungseinheiten reichen von außergewöhnlichen Musikinstrumenten bis zu einem "Anfaßtunnel", in dem Gegenstände nur mit dem Tastsinn erkannt werden sollen.

Wenn Sie an der Ostseite des Parks weitergehen, passieren Sie eine Unterführung der Michigan Avenue und haben einen schönen Blick auf das Kapitol. Dann geht es um das Sun Bowl Amphitheater herum und zum Farmer's Market (dienstags, donnerstags und samstags), bis schließlich die **Brenke River Sculpture & Fish Ladder** erreicht ist. Mitte September können Sie beobachten, wie Lachse und Forellen die "Fischleiter" hinaufspringen, um zu ihren Laichgründen zu gelangen.

Wenn Sie sich Michigan's Regierungsgebäude näher ansehen wollen, können Sie an der **State Capitol Tour** teilnehmen. Seien Sie auf ein wirklich beeindruckendes Erlebnis vorbereitet. 1992 wurde hier eine vollständige Restaurierung für mehr als 45 Millionen Dollar abgeschlossen. Als das Gebäude am 1. Januar 1879 seiner Bestimmung übergeben wurde, gehörte es zu den ersten Regierungssitzen, die dem Weißen Haus in Washington nachempfunden war. Heute stellt es ein herausragendes Zeugnis viktorianischer Baukunst dar. Die Führungen beginnen in der Rotunde, wo die Besucherinnen und Besucher auf Glasfliesen aus England stehen und sich die Sterne in der 55 Meter hohen Kuppel des Domes anschauen.

Auf den Zwischenetagen sind Porträts von den Governeuren und Flaggen von Michigan-Regimentern aus dem Bürgerkrieg zu sehen. Die Führung gewährt auch Blicke in das Repräsentantenhaus und in die Senatskammer sowie andere Büros, in denen jeweils ein Stückchen Geschichte des Staates Michigan vermittelt wird.

LANSING REGIONAL CHAMBER OF COMMERCE

P.O.Box 14030, Lansing, MI 48901, Tel. 517/487-6340.

TRANSPORTATION MUSEUM

Am Südende des River Front Park, Tel. 517/372-0422.
Montags bis samstags 10—17 Uhr, sonntags 12—17 Uhr.

IMPRESSION 5 MUSEUM

Im River Front Park, Tel. 517/485-8116.
Dieselben Öffnungszeiten wie das Transportation Museum.

STATE CAPITOL

Von der I-496 durch Lansing Exit Walnut Street, Tel. 517/335-1483.
Montags bis freitags 9—16 Uhr, samstags 10—16 Uhr und sonntags 12—16 Uhr.

IONIA COUNTY

Wenn es Herbst wird in Michigan und die Blätter anfangen, rote, gelbe und orange Farbtöne anzunehmen, fahren viele Leute gen Norden um sich dieses Spektakel anzusehen. Doch auch der Süden trägt seinen Teil zur herbstlichen Attraktion bei. Einer davon ist eine 15 Meilen lange Rundfahrt durch Hartholzwälder, hügeliges Weideland und über drei überdachte Brücken. Eine von ihnen ist **White's Covered Bridge.** Sie liegt in einem Waldstück und überspannt den Flat River. Für nur 1.700 Dollar wurde sie 1867 von einem Herrn Brazee gebaut und seitdem erfüllt sie ihre Dienste. Man kann natürlich mit dem Auto hinüberfahren, doch die meisten Besucher ziehen es vor, sie zu Fuß einer eingehenden Inspektion zu unterziehen. Wenn Sie durch das kleine Dorf Smyrna kommen (fünf Meilen südwestlich von Belding), fahren Sie weiter südlich auf der White's Bridge Road. Von dort ist die Brücke ausgeschildert.

Vier Meilen weiter südlich und dann in Richtung Fallsburg Bridge Road finden Sie dann die **Fallsburg Covered Bridge.** Sie sieht White's Bridge ähnlich und ist genauso stabil, denn sie wurde von demselben Konstrukteur gebaut. Bevor Sie die Brücke befahren, lesen Sie eine Warnung: "$5 fine for riding or driving on this bridge faster than a walk." ("5 Dollar Strafe, wenn Sie diese Brücke schneller überqueren, als sie gehen können"). Im danebenliegenden Park können Sie (am idyllischen Flat River) picknicken und sich im Gras ausstrecken. Außerdem sind Grillplätze vorhanden. Durch Lowell, das Sie erreichen, wenn Sie am Grand River weiter südlich fahren, kommen Sie nach Ada, wo dann schließlich die dritte der besagten überdachten Brücken steht. **Ada Covered Bridge** brannte 1980 ab und wurde dann mit den Spendengeldern der Einwohnerinnen und Einwohner wieder aufgebaut.

Wer auf Obskures steht, sollte nach Saranac fahren, und zwar zur Straßenkreuzung Morrison Lake Road und Grand River Avenue. Der Ingenieur Allen Williams baute aus übbriggebliebenen Planken einen Tisch zusammen, den ersten Picknicktisch, der jemals an einem Highway der Öffentlichkeit zur Verfügung stand. Diese in der Tat etwas seltsame Attraktion heißt schlicht und ergreifend **The Roadside Table.** Neben dem Tisch prunkt sogar ein grünes Schild mit der Aufschrift "State Historic Site".

GRAND RAPIDS

Der Lieblingssohn von Grand Rapids ist Gerald R. Ford, ein Lokalpolitiker, der zum 38. Präsidenten der Vereinigten Staaten wurde. Und obwohl das **G.R. Ford Museum,** natürlich zu seinen Ehren errichtet, erst 1981 die Pforten öffnete, ist es heute die Top-Attraktion der Stadt. Seit seiner Eröffnung haben sich mehr als eine Million Besucher in dem zweistöckigen Gebäude Ausstellungsstücke, Geschenke, die Ford von anderen Staatsoberhäuptern bekam, eine Nachbildung des Oval Office sowie einen Film über das Leben des Präsidenten angesehen.

Bevor der Präsident in den Mittelpunkt des Interesses rückte, war Grand Rapids als "City of Furniture" ("Stadt der Möbel") bekannt. Die kleine Grenzstadt war 1853 von einem schier endlosen Überfluß von Holz umgeben. Günstig am Grand River gelegen, war problemlos Strom für die Sägemühlen zu erzeugen. Hier eröffnete William "Deacon" Haldane einen Möbelladen und begann Regale, Tische, Särge, Stühle und Wiegen zu bauen. Wenige Jahre später gab es mehrere Möbelgeschäfte und bald war "Grand Rapids Made Furniture" zum Markenzeichen geworden.

Die Geschichte der Wohnungseinrichtung und der Schreinerei kann im **Grand Rapids Public Museum,** einem der ältesten und größten Museen Michigans, zurückverfolgt werden. Im "Gaslight Village", einem nachgebauten Dorf aus dem Jahr 1890, stehen über 1.500 Möbelstücke aus den Jahren 1800 bis 1930. Ein Drittel wurde in Grand Rapids hergestellt und das ist in zehn "period setting rooms" im ersten Stock des Möbelhauses zu sehen. Weitere Möbelstücke sind im Voigt House ausgestellt, einem viktorianischen Anwesen aus dem Jahr 1895, das gleich nebenan zu finden ist.

Als der Staat Michigan 1960 damit anfing, Lachse in den Great Lakes anzusiedeln, hatten die Lachse große Probleme, den Sixth Street Dam im Grand River zu überqueren. Als Lösung bot sich die Fish Ladder Sculpture an, die der lokale Künstler Joseph Kinnebrew baute. Die "Fischleiter" besteht aus sieben hintereinanderliegenden kleinen Vorsprüngen am Westufer des Flusses. So können die Lachse mit Leichtigkeit den Damm überqueren. Von einer Platform aus kann man beobachten wie die großen Fische vollständig aus dem Wasser hinaus und zum nächsten Sims springen. Die ersten Lachse kommen Anfang September, die letzten im Oktober. Die *locals* sind der Ansicht, daß die beste Zeit zum *Salmon watching* die dritte Septemberwoche ist. Natürlich sind nicht nur Zuschauer an der Sache interessiert – auch Angler kommen dann in Scharen.

15 Meilen nördlich von Grand Rapids liegt die Kleinstadt **Rockford,** deren Grundstein 1840 gelegt wurde, als am Rogue River eine Sägemühle und ein Damm entstanden. Schon bald darauf führte die Eisenbahnlinie durch die Stadt, eine kleine Fabrik kam hinzu, Warenlager sowie weitere Mühlen. Die Fabrik, in der ursprünglich Bohnen verarbeitet wurden, wandelte man 1970 zur Old Mill, einer Cidre-Mühle mit Restaurant, um. Das führte schließlich zum Bau von weiteren "historischen" Gebäuden, mittlerweile bekannt als **Squires Street Square**. In diesen drei Häuserblocks gibt es mehr als 40 Läden und Restaurants, die in Scheunen, Lagerhäusern und sogar in Eisenbahnwaggons untergebracht sind.

The Corner Bar, ein Taverne an der Ecke von Main Street und Northland Street, sieht von außen nach nichts Besonderem aus. Drinnen werden Sie jedoch bald merken, daß es sich um eine außergewöhnliche Gastwirtschaft handelt. An den Wänden ist sie geschmückt mit Zeitungsausschnitten, Sportwimpeln und kupfernen Namensplaketten. Das älteste mit Ziegeln gebaute Haus in Rockford stammt aus dem Jahr 1873 und widerstand etlichen Bränden, unter anderem dem "Great Main Street Fire" von 1873. Nur die Holzstruktur eines hinter dem Eisenbahndepot gelegenen Hauses ist älter als das Pub. Die Spezialität des Hauses sind Hot Dogs.

Unter den Gästen waren einmal die Footballspieler der Detroit Lions, die sich ein Wettessen lieferten. Jeder stopfte 12 Hot Dogs in sich hinein. Der Besitzer nahm das zum Anlaß, sein Pub zur "Hot Dog Hall of Fame" zu proklamieren und wenn Sie es schaffen, den Rekord einzustellen, erscheint auch Ihr Name an einer der Wände. Der Rekord (aus dem Jahr 1982) steht allerdings bei 42einhalb Hot Dogs und es dürfte eher unwahrscheinlich sein, daß Sie in die Annalen der Eckkneipe eingehen werden.

G.R. FORD MUSEUM

Pearl Street Exit 31B, Tel. 616/451-9263. Montags bis samstags 9—17 Uhr, sonntags 12—17 Uhr.

GRAND RAPIDS PUBLIC MUSEUM

54 Jefferson Avenue Southeast, Tel. 616/456-3977. Montags bis freitags 10—17 Uhr, samstags und sonntags 13—17 Uhr.

VOIGT HOUSE

115 College Avenue Southeast. Führungen jeden zweiten und vierten Sonntag im Monat 13—15 Uhr und jeden Dienstag 11—15 Uhr. An den vier Sonntagen vor Weihnachten (das Haus ist dann besonders hübsch dekoriert) von 13—16 Uhr.

SQUIRES STREET SQUARE

In Rockford. Von der US-131 Exit 97 und dann östlich auf die 10 Mile Road.
Die Geschäfte sind montags bis samstags geöffnet.

THE CORNER BAR

Rockford, Main Streeet/Northland Street, Tel. 616/866-9866.
Montags bis mittwochs 10—24 Uhr, donnerstags bis samstags bis 2 Uhr, sonntags 12—20 Uhr.

LAKE MICHIGAN

Die Küste des Lake Michigan bildet die westliche Grenze der unteren Halbinsel Michigans. Viele behaupten, der Mittelpunkt dieses Küstenstrichs sei die Großstadt Chicago. Das große Feuer im Jahre 1871 legte ganz Chicago in Schutt und Asche. Die Stadt wurde unter anderem mit weißem Pinienholz aus Michigan wieder aufgebaut und in den Sägewerken am Great Lake arbeitete man rund um die Uhr, um Baumaterial herzustellen.

Vielleicht war es zu dieser Zeit, als die Chicagoans dort nach dem rechten schauten, als sie entdeckten, daß Michigan mehr zu bieten hat als riesige Bäume und Sie fanden heraus, daß die Küste des Lake Michigan wunderschön war, mit Sand und Wellen und tollen Sonnenuntergängen. In den 80er Jahren des letzten Jahrhunderts gab es sogar einen regelrechten Touristenstrom an die Küste, an dem sich auch Urlauber aus Indiana und Missouri beteiligten. Die meisten kamen jedoch aus Chicago.

Sie reisten mit Dampfschiffen, mit Zügen und schließlich mit dem eigenen Fahrzeug an. Durch diesen Einfluß schossen Luxusresorts und Strandhäuser wie Pilze aus dem Boden. Die "Michigan Riviera" war geboren und sogar der mächtige Bürgermeister Chicago's, Richard Daly, besaß ein Sommerhaus an der Küste. Mit der Fertigstellung der Interstate 94 gab es schließlich eine vierspurige Autobahn beinahe die gesamte Küste des Lake Michigan entlang.

Die Küste des Lake Michigan bildet natürlich immer noch das herz von Michigans Tourismusindustrie. Hier, in dieser unwahrscheinlich schönen Region, gibt es Dünen und Sonnenuntergänge, Resorts, in denen eine Menge los ist, Straßen voller Andenkenläden und nette Strandhotels. Chicagos Einfluß ist unmißverständlich.

Man braucht nur zum Strand zu gehen und sich die Autoschilder anzusehen, den Sportübertragungen im Autoradio zu lauschen oder auf die Zeitung zu achten, unter der jemand döst – diese Region ist eindeutig Chicago's Freizeitpark.

BERRIEN COUNTY

Kaum haben Sie die Staatsgrenze von Indiana überschritten, da kommen Sie auch schon zum ersten Küstenort mit Motels und Resorts in Wassernähe. Viele neue sind dar-

Lake Michigan
Manistee
Ludington
Mason
Lake
Oceana
Newaygo
Muskegon
Muskegon
Ottawa
Allegan
Van Buren
Berrien
St. Joseph
Cass

unter und sie entscheiden sich jeweils nur ein ganz klein wenig von dem Danebenliegenden. Aber wenn Sie ein wenig herumsuchen, werden Sie sicher ein charmantes altes Bed & Breakfast in einem ruhigen Viertel finden. Meine Empfehlung ist **The Inn at Union Pier.** Union Pier ist eine Ansammlung von kleinen Straßen und Sommerhäusern aus dem 19. Jahrhundert, etwa 10 Meilen von der Grenze entfernt. Wenn Sie durch die Berrien Street spazieren, kommen Sie auch am Inn vorbei, drei Gebäude im maritimen Stil, blau angestrichen mit weißen Geländern.

1918 bestand die Unterkunft nur aus einem Gebäude, aber wegen der großen Nachfrage wurden 1929 zwei weitere hinzugefügt. Von Chicago aus ist es nur ein 90minütiger Trip und zu Beginn des Touristenbooms ging das Geschäft auch bestens. Bis in die 60er Jahre, als man die Pforten schloß. 1983 erwarben Bill und Madeleine Reinke den Komplex, renovierten ihn und eröffneten das kleine Hotel. Nach einem anstrengenden Tag am Strand können Sie hier im Hot Tub oder auf der Veranda relaxen. Morgens gibt es ein phantastisches Frühstück mit frischen Früchten und leckeren Backwaren. Wenn Sie sich körperlich betätigen möchten: der Strand liegt gleich auf der anderen Straßenseite, es gibt aber auch Leihfahrräder.

In Three Oaks, in der südwestlichen Ecke von Berrien County, finden Sie das **Three Oaks Spokes Bicycle Museum.** Hier gibt es unter anderem einen kuriosen Zweisitzer und den sogenannten "Boneshaker" ("Knochenschüttler") aus dem 19. Jahrhundert zu sehen. Moderner dann das Gerät, mit dem 1986 der Geschwindigkeitsweltrekord von 110 Stundenkilometern aufgestellt wurde. Mit einem Fahhrad hat dieses Modell keinerlei Ähnlichkeit mehr.

Diese Ecke des Staates ist ein Paradies für Fahrradfahrer. Sie hat sogar einen Namen, Michiana. Fahrradfahren zur Erholung von Körper und Geist wird vom örtlichen Fahrradclub seit 1974 propagiert. Er entwarf den **Backroads Bikeway,** mit einer Auswahl zwischen zehn verschiedenen Touren durch die Gegend. Sie reichen von einer 8 Meilen langen bis zu einer 50 Meilen langen Tour, wobei alle an Dünen, Cidremühlen, Weingütern und den letzten Hartholzwäldern in Südmichigan vorbeiführen. Im Museum können Sie auch Fahrräder mieten.

Die Dünen am Lake Michigan gehören sicher zum Spektakulärsten, was die Region zu bieten hat. Sie beginnen in Indiana und erstrecken sich bis nach Mackinaw. Das größte Dünenschutzgebiet in Berrien County ist der **Warren Dunes State Park.** Zu dem Park gehören mehr als zwei Meilen feiner weißer Sandstrand und knapp 80 Meter hohe Dünen. Nachts darf hier sogar gecampt werden. Warren Dunes ist auch der einzige State Park, in dem *hang gliding* erlaubt ist, und zwar das ganze Jahr über.

Der Lake Michigan sorgt nicht nur für schöne Strände oder Ausblicke von Dünen, er ist auch für die Mäßigung der Winterstürme aus den Great Plains und für Abkühlung in den heißen Sommermonaten verantwortlich. Dieses Klima begünstigt den Anbau von Beeren, Obstgärten und sogar Wein. Nach Kalifornien und New York ist Michigan der drittgrößte weinproduzierende Staat in den USA. Das Zentrum bildet Paw Paw in Van Buren County mit den Weingütern S. Julien und Warner, beide an der I-94 gelegen.

Kleinere Weingüter gibt es auch, darunter das mit Auszeichnungen überhäufte **Tabor Hill Winery** in Berrien County. Es gehört zwei Chicagoer Stahlhändlern mit Liebe zum Wein. Eines Tages brachten sie aus Frankreich Rebstöcke mit und pflanzten sie in den Hügeln dieses Landkreises an, mit der Hoffnung, die Bedingungen für den Weinanbau würden hier genausogut sein wie im Ursprungsland. Die Hoffnung trügte sie nicht und 1970 wurde die erste Flasche abgefüllt. Sieben Jahre später gewann der 1974er Baco in der American Wine Competition eine Goldmedaille. Das Weingut ist trotz allen Erfolges klein geblieben. Es werden rund 15.000 Kisten jährlich produziert, darunter zwei Dutzend verschiedene Weinsorten.

Auf einer Walking Tour können Sie das Weingut am besten kennenlernen. Zu Beginn der Tour sehen Sie, wie der Wein abgefüllt wird und anschließend werden Sie mit der Geschichte der Weintraube vertraut gemacht. Dann geht es hinunter in den Weinkeller zu den handgeschnitzten Eichenfässern, in denen der Wein altert und den speziellen Geschmack annimmt. Zum Schluß können dann die feinsten Tropfen probiert werden.

Das Weingut hat ein exzellentes Restaurant, von dessen Tischen sie auf die Weinhügel und Rebstöcke blicken können. Auf dem großen Dachgarten kann man in den Sommermonaten schön picknicken.

Zwischen Dünen, Obstgärten und Weingütern gibt es auch eine Menge Historie in Berrien County. Niles zum Beispiel ist die erste Siedlung auf der unteren Halbinsel und sie beansprucht für sich eines der ersten Museen in den USA.

Ursprünglich in privater Hand, öffnete es 1842 die Türen. Das **Fort St. Joseph Museum** beherbergt heute mehr als 10.000 Ausstellungsstücke auf zwei Etagen, von denen natürlich viele mit besagtem Fort zu tun haben, für das

1691 die Franzosen den Grundstein legten. 1761 kam es in den Besitz der Briten und zwanzig Jahre später gehörte es den Spaniern. 1783 hißten schließlich die Amerikaner die Flagge über dem Fort St. Joseph.

Besonders erwähnenswert sind die Ausstellungsstücke, die den Sioux Indianern gehörten. Die meisten wurden von Captain Horace Baxter Quimby gesammelt, der in den Jahren 1881/82 auf dem Territorium der Dakota stationiert war und mit dem berühmten Häuptling Sitting Bulls bekannt war. Unter den Geschenken, die der Captain erhielt, waren dreizehn selbstangefertigte Zeichnungen von Bulls größten Schlachten.

Noch mehr Geschichte erwartet Sie in Berrien Springs' **1839 Courthouse.** Es war zunächst ein Ort für militärische Ausbildung, dann wurde es in ein Gerichtsgebäude umfunktioniert, in dem Gesetze interpretiert und Recht gesprochen wurden. Das Gebäude im klassischen Greek-Revival-Stil bildet das Zentrum des Berrien County Courthouse Square, eines Gebäudekomplexes, das im National Register of Historic Places eingetragen ist.

Der ursprüngliche Gerichtssaal sieht noch genauso aus wie 1839, als der Vorsitzende des Obersten Michiganer Gerichtshofes Epaphroditus Ranson zum ersten Mal eine Verhandlung leitete.

THE INN AT UNION PIER

Union Pier, MI 49129, Berrien Street, P.O. Box 222, Tel. 616/469-4700.

THREE OAKS SPOKES BICYCLE MUSEUM

In Three Oaks, 110 North Elm Street, 16 Meilen westlich von Niles an der US-12, Tel. 616/756-3361.
Täglich 9—17 Uhr.

TABOR HILL WINERY

In Tabor Hill, Mount Tabor Road, von der I-94 Exit 16 nördlich auf den Red Arrow Highway, dann Bridgeman Street und Shawnee Road entlang.
Führungen montags bis samstags 11—17 Uhr, sonntags 12—17 Uhr.

FORT JOSEPH MUSEUM

In Niles, 508 East Main Street, hinter Niles City Hall.
Dienstags bis samstags 10—16 Uhr, sonntags 13—16 Uhr.

1839 COURTHOUSE

In Berrien Springs, Ecke US-31 und Union Street, Tel. 616/471-1202.
Dienstags bis freitags 9—16 Uhr, samstags und sonntags 13—17 Uhr.

ALLEGAN COUNTY

Auf der Landkarte sieht Saugatuck aus wie alle anderen Ferienorte am See, bei genauerer Betrachtung entpuppt es sich jedoch als trendy Resort mit guten Restaurants, witzigen Läden – und vielen Touristen. Besonders anziehend scheinen die Docks am Kalamazooo River zu sein, wo eine ganze Armada von kleinen Yachten und luxuriösen Segelbooten festmacht. Wenn Sie die Promenade gen Norden entlanggehen, kommen Sie schließlich zu einem ziemlich ungewöhnlichen Schiff, der **Saugatuck Chain Ferry.** Die Fähre wird mit Ketten gezogen und befördert seit 1838 Passagiere über den Kalamazoo River. An beiden Ufern steht jemand, der die kleine weiße Fähre im Handkurbelbetrieb über den Fluß zieht. Der fünfminütige Trip kostet nur 50 Cents und die sollten Sie wirklich investieren, denn er ist ein Ausflug in einer andere Welt. Vom belebten Shopping District kommen Sie direkt zu einem der schönsten Strände an den Great Lakes. Auf der anderen Seite angekommen, sehen Sie den Eingang zum **Mount Baldhead Park** mit Tischen, Unterstellmöglichkeiten und einem kleinen Steg. Es gibt auch eine Treppe, die Sie eine 60 Meter hohe Düne hinaufführt, von wo aus Sie das tolle Panorama von Saugatuck und Kalamazoo Lake im Südosten sowie Lake Michigan im Westen genießen können. Auf der anderen Seite der Düne haben Sie die Wahl zwischen einem Strandaufenthalt am **Oval Beach** oder einem Spaziergang entlang des sandigen Beach Trail.

Weiter im Landesinneren ist das alte **Allegan County Jail** eine weitere Attraktion. Das große Ziegelsteingebäude wurde 1906 in Greek-Revival-Architektur mit Spitzdach sowie Säuleneingang erbaut. Ein kleines rotes Schild weist auf das Allegan County Historical Museum hin. Hier bekommen Sie eine Geschichtsstunde in Bestrafungspraxis. Außerdem gibt es einen Gemischtwarenladen mit Waren aus dem 19. Jahrhundert, eine historische Wäscherei und eine Ausstellung zu Ehren General Benjamin Pritchards, dessen Männer den Präsidenten der Konföderierten, Jefferson Davis, während des Bürgerkrieges gefangennahmen.

Aber das ist es nicht allein, was jährlich mehr als 1.000 Besucherinnen und Besucher in dieses Museum zieht. Das Quartier des Sherriffs mit der großen Küche, in der dessen Frau täglich Mahlzeiten für mehr als 30 Gefangene zubereitete und die winzigen Zellen, in denen noch die hineingeritzten Botschaften an den Wänden zu sehen sind, sind für viele von makabrem Interesse.

ALLEGAN COUNTY HISTORICAL MUSEUM

In Allegan, 113 Walnut Street (zwischen Hubbard und Trowbridge), Tel. 616/673-4853. Juni bis Ende August freitags 14—17 Uhr oder auf Termin bei Marguerite Miller (Tel. s.o.).

GRAND HAVEN

In Grand Haven erstreckt sich die Flußpromende entlang des Grand River etliche Meilen zwischen Downtown und dem pittoresken Leuchtturm am Lake Michigan. Bemerkenswerter jedoch ist die **Musical Fountain,** die in den Sommermonaten elektronisch gesteuerte und synchronisierte Musik von sich gibt. Das allabendliche Gratiskonzert beginnt gegen 21 Uhr.

Das Grand Hotel auf Mackinac Island war schon immer berühmt für die größte Hotelveranda der Welt, aber um die Jahrhundertwende herum hatte es einen Konkurrenten in Grand Haven, der mit der "zweitgrößten Veranda" prahlen konnte. Das **Highland Park Hotel,** erbaut 1889, war Grand Havens erste Adresse. Hier stiegen vornehmlich Touristen aus Chicago und St. Louis ab. Es lag auf einer Klippe mit Blick auf den Lake Michigan und an vielen Abenden konnte man von jedem der 55 Zimmer aus die sanfte Brise vom See spüren und tolle Sonnenuntergänge beobachten. In dem superben Restaurant tafelten einst sogar Glenn Miller und seine Band. 1967 brannte das Hotel bis auf die Grundmauern nieder, nur ein kleiner Teil blieb unversehrt.

Dort, wo sich damals das Hotel befand, stehen heute Häuser, aber der kleine gerettete Teil wurde 1985 von Terry und Judith Postmus erworben, die hier Reisenden eine wunderschöne Unterkunft mit Seeblick anbieten. Judith besaß vorher ein kleines Antiquitätengeschäft und das sieht man auch an der Einrichtung der Zimmer. Jedes Zimmer hat einen separaten Eingang und (im ersten Stock) eine eigene Veranda, wo auch das Frühstück serviert wird. An lauen Sommerabenden können Sie den Sonnenuntergang bei gutem Wein und Käse genießen.

HIGHLAND PARK HOTEL

1414 Lake Avenue (gegenüber vom Grand Haven State Park), Grand Haven, MI 49417, Tel. 616/842-6483 oder 616/846-1473.

MUSKEGON COUNTY

Im ausgehenden 19. Jahrhundert war dieser Landkreis im westlichen Michigan bedeutend für seine holzverarbeitende Industrie. Die Stadt Muskegon erlebte einen Boom und wurde als "Lumber Queen of the World" (Holzkönigin der Welt) bekannt. Wenn man die Webster Avenue hinunterfährt sieht man, wieviel Geld hier verdient und wie es investiert wurde. Die viktorianischen Bauten sind schlichtweg überwältigend. Die beiden schönsten, direkt nebeneinanderstehenden Häuser gehörten Charles H. Hackley und seinem Geschäftspartner Thomas Hume. Angeblich wurden hier 200 Zimmerleute zwei Jahre lang beschäftigt. Das **Hackley House** und das **Hume House** sind im National Register of Historic Places verzeichnet und gehören zu den schönsten Exemplaren viktorianischer Baukunst.

Die Dünen an der Ostseite des Lake Michigan sind die größte Ansammlung von Dünen, die sich an einem Frischwassersee befinden. Wer sich dafür interessiert, was Dünen genau sind und wie sie entstehen, sollte das **Gillette Nature Center** im P.J. Hoffmaster State Park besuchen. Direkt neben dem Center ist eine Riesendüne, die Sie am besten durch die große Glasscheibe in der Lobby sehen können. Im unteren Stockwerk gibt es eine Galerie mit Ausstellungsstücken für Kinder, eine weitere Ausstellung "From a Grain of Sand" ist der Naturgeschichte der Dünen gewidmet und in einem Theater mit 82 Sitzplätzen veranschaulichen neun Diaprojektoren deren fragile Beschaffenheit. Auf einem Trail können die Besucher zur "Dune Overlook Platform" wandern, von der aus sie einen tollen Blick über die Dünenlandschaft und den See genießen können.

HACKLEY & HUME HISTORIC SITE

484 West Webster Avenue, Muskegon, Tel. 616/722-7578. Führungen von Mai bis einschließlich September jeweils mittwochs, samstags und sonntags von 13 bis 16 Uhr.

GILLETTE NATURE CENTER

P.J. Hoffmaster State Park, südlich von Muskegon an der US-31 Abfahrt Pontaluna Road, Tel. 616/798-3711.
Geöffnet in den Sommermonaten dienstags bis sonntags von 9 bis 17 Uhr, in den restlichen Monaten dienstags bis freitags 13 bis 15 Uhr, an den Wochenenden 10 bis 17 Uhr.

NEWAYGO COUNTY

Das herausstechendste Gebäude in Grant, ganz im Süden des Landkreises Newaygo, ist ein hölzerner Wasserturm aus dem Jahre 1891. Wenn Sie durch die Stadt fahren, um sich den Turm anzusehen, machen Sie unbedingt auch einen Halt am Bahnhof. Chuck Zobel hat aus dem ehemaligen Depot das **Grant Depot Restaurant** gemacht, das zu den besten Lokalen in Michigan gehört.

Nach dem Erwerb des leerstehenden Depots war Chuck Zobel ein Jahr mit Renovierungsarbeiten beschäftigt. Er ließ Wände einreißen, neue Fußböden legen und begann mit dem Dekorieren: alte Zugtickets, Telegramme, Werbeplakate, sogar die Überbleibsel einer Kupfer-Sulfat-Batterie, die den Telegraphen vor dem elektrischen Zeitalter betrieb, sind zu sehen. Die Gäste speisen dort, wo sich früher der Wartesaal befand, manche mit Blick auf die Schienen. Und wo einst die Gepäckaufbewahrung war, befindet sich heute die Küche.

Wer etwas für Wildblumen übrig hat, sollte einen Abstecher zum **Loda Lake Wildflower Sanctuary** machen. In Zusammenarbeit von Rangern und Mitgliedern eines Gartenclubs enstand ein Schutzgebiet für heimische Pflanzen, darunter auch bedrohte Arten. Botaniker und Blumenliebhaber haben hier ein unvergleichliches Paradies gefunden. Ein Trail führt vorbei an beschilderten Pflanzengruppen und Blumen, darunter duftende Wasserlilien, Blaubeeren, insektenfressende Pflanzen und Sumpfrosen. Am Ende des Spazierweges liegt ein schöner Picknickplatz.

GRANT DEPOT RESTAURANT

In Grant, 24 Meilen von Grand Rapids. Zu erreichen über die I-96, dann in nördlicher Richtung auf der M-37 (Exit 30), Tel. 616/834-7361. Montags bis donnerstags 7.30 bis 20 Uhr, freitags und samstags bis 21 Uhr und sonntags 11.30 bis 15 Uhr.

LODA LAKE WILDFLOWER SANCTUARY

Von White Cloud auf der M-37 in nördliche Richtung Abfahrt Five Mile Road. Nach einer Meile biegen Sie auf die Fletcher Road ab. Einen Trailguide erhalten Sie bei der U.S. Forest Service Ranger Station an der M-37 in White Clouds (Tel. 616/689-6696), die rund um die Uhr geöffnet hat.

OCEANA COUNTY

Von der US-31 nördlich von Whitehall biegt die County Road B-15 westlich in Richtung Lake Michigan ab und führt dann nach Pentwater, einem geschäftigen Städtchen in der nordwestlichen Ecke von Oceana County. Auf dieser Strecke kommen Sie am Silver Lake vorbei, wo garantiert alle Autos ein wenig langsamer fahren, weil alle die Naturschönheiten bestaunen wollen. Der See ist auf der einen Seite von einer riesigen Düne begrenzt und vom Auto aus können Sie den Strand und die Sonnenbadenden sehen, die Segelboote, das kristallklare Wasser, die Berge von Sand und die Dünenkletterer. Der größte Teil dessen, was Sie zu sehen bekommen, gehört zum **Silver Lake State Park**.

MASON COUNTY

Wenn Sie auf dem Lakeshore Drive weiterfahren, vorbei am Ludingtoner Kraftwerk, kommen Sie nach einigen Meilen nach **Bortell's Fisheries.** Von außen betrachtet sieht der Fischmarkt nicht gerade einladend aus. Es gibt ihn seit 1937 und er bietet die beste Einkaufsmöglichkeit für Fisch und Seegetier.

Hier gibt es auch leckeren eingelegten Hering und Räucherfisch, darunter Forelle, Lachs und Stör. Zum Fischmarkt gehören auch Teiche, aus denen Sie Regenbogenforellen fangen können. Die werden dann gleich zubereitet und mit Pommes Frites, hausgemachtem Kartoffelsalat sowie Krautsalat serviert. Bei schönem Wetter können Sie draußen an einem der Picknicktische essen oder gleich gegenüber vom Fischmarkt im Summit Park, von wo aus Sie mit Blick auf den Lake Michigan speisen. Frischen Fisch und eine wunderschöne Landschaft auf einmal zu genießen – viel besser kann es eigentlich nicht mehr werden.

Das erste Fachwerkhaus in Mason County wurde 1849 von Aaron Burr Caswell gebaut. Als der Landkreis gegründet wurde, stellte Caswell den vorderen Teil des Hauses als Gerichtssaal und Sitz des Landkreises zur Verfügung. Das erhaltene Gebäude ist heute ein State Historic Site und Mittelpunkt von **White Pine Village,** einem Museumskomplex, das von der Mason Historical Society unterhalten wird.

Dieses Museumsdorf besteht aus 20 teils authentischen, teils nachgebauten Häusern, alle auf einem Kliff, mit Blick auf den Lake Michigan. Zu sehen sind unter anderem eine Trapperhütte aus dem Jahr 1840 und ein Eisenwarengeschäft aus dem frühen 20. Jahrhundert. Alle Gebäude können Sie sich von innen ansehen. Im Dorf treffen Sie Menschen, die je nach ihrer Zunft authentisch kostümiert sind, beispielsweise einen Geigenmacher, einen Schmied oder die Hausfrau aus der Zeit um die Jahrhundertwende.

Was dieses Museumsdorf so interessant macht, ist die Tatsache, daß die Besucherinnen und Besucher aktiv in die längst vergangene Zeit eintauchen können. Zum Beispiel wird ein Gerichtsprozeß, der sich tatsächlich ereignet hat, mit Besuchern als Geschworenen nachgestellt. In neun von zehn Prozessen ergeht dassselbe Urteil wie beim allerersten. In der Kapelle wird jeden Sonntag ein Gottesdienst abgehalten und anschließend helfen die Besucher den Dorfköchen bei der Arbeit — und natürlich auch beim Verzehr der leckeren Backwaren.

Von Ludington aus in Richtung Norden können Sie immer noch die berühmten Dünen am Lake Michigan bewundern. Diese Gegend gehört zum Ludington State Park mit vielen Meilen Sandstrand, modernen Zeltplätzen und dem historischen Point Sable Lighthouse. Vom Ludington State Park kommen Sie zu den Nordhouse Dunes, ein Schutzgebiet im Manistee National Forest, der nicht so häufig besucht, aber deswegen nicht weniger schön ist.

Ein Gouverneur Michigans nannte die Nordhouse Dunes einmal “one of the most outstanding scenic resources” (eine der bemerkenswertesten Sehenswürdigkeiten) im ganzen Staat und 1987 erhielten sie ihren Status als öffentliche Schutzzone. Die ganze Gegend ist so gut wie “unentdeckt”, und das macht diese Dünen so einzigartig. Hier dürfen Sie nur zu Fuß unterwegs sein, campen in den Dünen ist allerdings gestattet. Es gibt tolle Möglichkeiten zum Wandern (die ganze Gegend ist für motorisierten Verkehr nicht erlaubt) und außerdem hat man einen vier Meilen langen Strand (manchmal) ganz für sich allein.

BORTELL'S FISHERIES

Sieben Meilen südlich von Ludington am South Lakeshore Drive zwischen Meisenhiemer Road und Deren Road. Tel. 616/843-3337. Von Mai bis September täglich 11—20 Uhr.

WHITE PINE VILLAGE

Abfahrt US-31, drei Meilen südlich von Ludington, dann westlich auf die Iris Road und auf den South Lakeshore Drive in Richtung Norden. Tel. 616/843-4808. Vom letzten Montag im Mai bis Ende August mittwochs und donnerstags 13—17 Uhr, freitags und samstags 10—18 Uhr, sonntags 13—18 Uhr.

NORDHOUSE DUNES

Lake Michigan Recreation Area US-31 in Richtung Lake Michigan Road, zehn Meilen südlich von Manistee. Auskünfte und Reservierungen für die Campingplätze unter Tel. 616/723-2211 (Manistee Ranger District).

MANISTEE

Manistee ist eine weitere Stadt, die ihre gloriose Zeit während des großen Kahlschlags hatte. Zu Beginn des 19. Jahrhunderts gab es hier 32 Sägemühlen und 17 "Holzmillionäre". Ein großer Brand im Jahre 1871 vernichtete beinahe die ganze Stadt, genau an dem gleichen Tag, als dasselbe Unglück Chicago heimsuchte.

Das erste Haus, das wieder aufgebaut wurde, ist das Lyman Building, ein Geschäftshaus, das schließlich von der Manistee County Historical Society zum einzigen "Storefront Museum in the State" umgewandelt wurde.

The Lyman Building Museum ist mehr als ein Heimatmuseum mit gesammelten Ausstellungsstücken.Teil des unteren Stockwerks ist ein authentischer Drugstore (eine Mischung aus Apotheke und Drogerie) mit Apothekerwaagen, Pillen, Pasten und verblichenen Postern an den Wänden. Die andere Hälfte der Etage ist ein Gemischtwarenladen, in dessen Hinterzimmer sich eine alte Zeitungsredaktion mit original Linotype-Druckmaschine befindet.

Im zweiten Stock gibt es zehn weitere Zimmer, darunter eine Zahnarztpraxis, eine Bank sowie ein Wohnzimmer aus der Zeit um 1900.

Ein weiteres beeindruckendes Gebäude in Manistee ist das **Ramsdell Theatre,** 1903 von Thomas Jefferson Ramsdell gebaut und gelistet im National Register of Historic Places. Ramsdell, ein Anwalt, wollte seiner Stadt etwas Kultur zukommen lassen und baute eines der reich verziertesten Opernhäuser in Michigan mit Balkonen und Privatboxen. Es war außerdem als "akustisch perfekt" bekannt. Der Kulissenmaler Walter Burridge malte den Vorhang, der noch heute benutzt wird. In den Sommermonaten treten hier die Manistee Civic Players mit einer Serie von Stücken auf.

Nord-Michigan ist ja bekanntlich für reiche Vorkommen an Forellen bekannt. Fliegenfischer aus dem ganzen Land kommen daher in diesen Staat, um ihrer Leidenschaft zu frönen. Wer das Fliegenfischen erst noch lernen muß, kann das an der Michigan Academy of Fly Fishing tun. Sie ist Teil des Wellston Inn in Wellston und liegt direkt neben einem der Flüsse, in dem sich die Forellen nur so tummeln. Im Sommer kann man hier zwei- und dreitägige Seminare besuchen und im Wellston Inn übernachten.

THE LYMAN BUILDING MUSEUM

425 River Street, Tel. 616/723-5531.
Von Juni bis September montags bis samstags 10—17 Uhr, das restliche Jahr über dienstags bis samstags 10—17 Uhr.

RAMSDELL THEATRE

First Street Ecke Maple Street, Tel. 616/723-9948.
Montags bis samstags 12—18 Uhr.

MICHIGAN ACADEMY OF FLY FISHING

The Wellston Inn, P.O. Box 70, Wellston, MI 49689, Tel. 616/848-4163.

DER NORDWESTEN

In vielerlei Hinsicht sieht die Landschaft in diesem Teil des Landes genauso aus wie die weiter südlich am Lake Michigan. Riesige Dünenlandschaften, meilenlange Strände und eine Handvoll Seebäder, in deren Läden winters wie sommers etwas los ist. Aber genauso wie sich die Regionen ähneln, so unterschiedlich sind sie auch.

Dies ist "das Land der vielen kleinen Buchten", mit der malerischen Grand Traverse Bay im Mittelpunkt, Little Traverse Bay weiter die Uferküste hoch und der einsam gelegenen Sturgeon Bay in der nördlichsten Ecke. Viele Touristen besuchen in Mackinaw City das Fort Michilimackinac oder fahren mit der Fähre nach Mackinac Island, das für seine Kutschenfahrten und das Grand Hotel bekannt ist.

Vor allem aber ist diese Gegend Michigans für die wunderbaren Kirschen bekannt. Gemäßigtes Klima von den Great Lakes und die lockere Erde sorgen dafür, daß hier bis zu 85 Prozent von Amerikas Kirschernte herkommt. Wenn Sie im Frühling die US-31 von Traverse City nach Charlevoix fahren, sehen Sie die in voller Blüte stehenden Kirschbäume und es duftet betörend.

Wenn Sie im Juli kommen, können Sie sehen, wie geerntet wird. Entlang der 50 Meilen langen Fahrt stehen dutzende von Kirschfarmen und sicherlich werden Sie die ein oder andere "Pflückcrew" beim Schütteln der Bäume beobachten. Die Kirschen landen anschließend zum Säubern in großen Wassertanks.

An etlichen Obstständen wird ein kleiner Teil der Ernte an Touristinnen und Touristen verkauft. Die bekanntesten Sorten sind die Bing- und die Schmidtkirsche, manchmal werden sie auch schwarze Kirschen genannt, denn wenn Sie erstmal schwarz sind, sind sie überreif. Halten Sie nach Kirschen Ausschau, die fest und kastanienbraun sind. Beim Reinbeißen spritzt Ihnen der Fruchtsaft entgegen, läuft das Kinn hinunter und Ihre Geschmacksnerven laufen Amok. Es gibt nur wenige Dinge in Michigan die schöner sind als der Nordwesten im Monat Juli.

Der Nordwesten

BENZIE COUNTY

Der Landkreis Benzie ist einer der kleinsten, aber auch einer der am landschaftlich schönsten in Michigan: bewaldete Hügel, quellengespeiste Forellenbäche, hochaufragende sandige Steilufer und endlos lange Strände am Lake Michigan und am Crystal Lake, der so klar ist wie sein Name schon sagt.

Aus dieser Gegend voller Naturschönheiten stammt die Künstlerin und Naturschützerin Gwen Frostic, die später zu Michigans bekanntester Dichterin und Verlegerin wurde. Ihre Liebe zur Natur begleitete sie durch das ganze Leben. Mitte der 40er Jahre begann sie in dem Arbeiterstädtchen Wyandotte südlich von Detroit mit dem Schreiben und der Bildhauerei. In den frühen 60er Jahren zog sie in die Nähe von Benzonia und stellte die **Gwen Frostic Prints** auf ihrem eigenen Schutzgebiet auf.

Die große Galerie ist in einem Gebäude aus Naturstein, Glas und altem Holz untergebracht, ein Gebäude, das "Draußen nach Drinnen bringen" soll, was erstaunlich gut gelungen ist: Riesige Kamine aus Stein, kleine Wasserfälle und Balken, auf den Tischen Gedichtbände der Künstlerin, an den Wänden Geschnitztes von den besten Naturbildhauern.

Es gibt auch eine kleine Bücherei, von der aus man einen Teich mit Enten überblickt. In einem weiteren Raum sehen Sie all die Auszeichnungen, die Gwen Frostic erhalten hat, unter anderem die Verkündigung eines offiziellen "Gwen Frostic Day" durch einen Gouverneur.

In den 30er Jahren gab es eine kleine Gruppe von Einwohnern der Ortschaft Frankfort, denen es viel Spaß bereitete, ähnlich den heutigen Segelfliegern, von hohen Sanddünen aus durch die Luft zu gleiten, manchmal stundenlang, um dann am Strand zu landen. Aus dieser Leidenschaft entstand der **Northwest Soaring Club of Frankfort**, der sogar einmal die amerikanischen Meisterschaften ausrichtete. Die Kunst des Segelfliegens hat sich natürlich über die Jahre hinweg verändert, aber den Club gibt es immer noch. Angeboten werden Lehrstunden und Schnupperflüge, auch für Touristen, die nur kurz in der Gegend zu Besuch sind.

Sollte Sie auf der Suche nach dem ultimativen Gasthaus sein, kehren Sie bei **Chimney Corners** ein, einer ländlich-rustikalen Unterkunft am Nordufer des Crystal Lake. Eigentlich ist es eine Ansammlung von Ferienhäusern, denn seit über 50 Jahren werden hier Hütten und kleine Landhäuser vermietet. Die Haupthütte stammt aus dem Jahr 1910 und liegt direkt in einem schönen Waldstück am Hang.

Eingerichtet ist sie mit alten Möbeln und die Küche ist voll von gußeisernen Töpfen und ambitionierten Köchen. Vom Speiseraum mit nur sieben Tischen haben Sie einen tollen Blick auf den See. Mollie Rogers hat die Küchencrew fest im Griff und verführt ihre Gäste mit nur einem Gericht pro Abend, beispielsweise Wildhuhn, Lammkeule mit Rosmarin oder Ente à l'Orange. Das Abendessen wird im Schein des Kaminfeuers serviert.

Von all den Dünen am Lake Michigan sind die in Sleeping Bear National Seashore wohl am bekanntesten. Tausende kommen pro Jahr hierher, um sich unter anderem den gigantischen, 50 Meter hohen, "Dune Climb" anzusehen, der direkt neben der M-109 in Leelanau County liegt. Wenn Sie hochstapfen, versinken Sie bis zu den Knien in der Düne, beim Hinunterlaufen spritzt der weiche Sand nur so zur Seite.

National Seashore fängt in Benzie County an und umfaßt einen der schönsten Strände Michigans: **Platte River Point** ist eine lange, sandige Landzunge, die durch den kristallklaren Platte River vom Festland getrennt ist. Den endlosen Lake Michigan auf der einen, den mit Forellen und Lachsen gefüllten Flußlauf der anderen Seite sowie einem tollen Dünenpanorama in der Ferne, gehört der Strand wirklich zu den Highlights im Lande.

Wer hierher kommt schwimmt natürlich oder baut Sandburgen, aber die Lieblingsbeschäftigung vieler ist das Floating. Auf Luftschlauch oder Luftmatratze geht es den Platte River hinunter bis zum Lake Michigan. Wer weder Schlauch noch Matratze dabeihat, kann sich die richtigen Utensilien von **Riverside Canoe Trips** an der M-22 (Tel. 616/325-5622) ausleihen. Es gibt Schläuche, auf die bis zu vier Personen passen und man fährt Sie auch den Fluß hinauf, wenn Sie zu faul zum Wandern sind.

Die Aufschrift "Hang the Diet!" sagt eigentlich alles über die Philosophie im **Homestead Sugar House** aus. Verschwenden Sie also keinen Gedanken an dieses Wort mit vier Buchstaben oder etwa ans Kalorienzählen, wenn Sie den Süßigkeitenladen von Jean und Russell Morstadt betreten. Genießen Sie einfach nur den Duft, der Sie bereits auf der Türschwelle begrüßt, und beim Anblick der in Schokolade getauchten Kirschen und Bonbons aus Ahornsirup ißt hier auch das Auge mit. Und wenn

Ihnen Jean Morstadt, angezogen wie Grandma Moses höchstpersönlich, einen Leckerbissen anbietet, seien Sie nicht bescheiden und greifen tüchtig zu.

Die Morstadts hatten vom Stadtleben in Chicago die Nase voll und zogen in den Norden Michigans. Sie erwarben etwas Land und fingen mit der Bewirtschaftung an. Nach einigen Jahren, in denen sie nach eigener Aussage "nichts als Rechnungen ernteten" begannen Sie mit der Herstellung von Süßigkeiten. Das ist mittlerweile mehr als 30 Jahre her und zu den berühmtesten Kundinnen zählt die Rocksängerin Linda Ronstadt.

NORTHWEST SOARING CLUB OF FRANKFORT

Frankfort Airport, Airport Road (südlich der M-115), Tel. 616/352-9160. Schnupperflüge von Mai bis Oktober.

CHIMNEY CORNERS

M-22, sieben Meilen nördlich von Frankfort, Tel. 616/352-7522. Feste Zeiten für das Abendessen: Montags bis mittwochs um 18.30 Uhr, donnerstags bis samstags 18 Uhr und 19.30 Uhr. Unbedingt reservieren!

PLATTE RIVER POINT

Westlich der M-22 die Lake Michigan Road bis zum Ende hinunterfahren.

HOMESTEAD SUGAR HOUSE

Von der US-31 auf die Homestead Road (in Benzonia) und dann 4,5 Meilen in östliche Richtung, Tel. 616/882-7712. Von Mai bis November täglich 9.30 bis 17 Uhr.

LEELANAU COUNTY

Vorausgesetzt es ist gerade März und Sie sind ein Leckermaul, fahren Sie noch weiter gen Norden nach Maple City, wo Sie bei **Sugar Shack** einen Stop einlegen sollten. Hier wird Ahornsyrup produziert und im Frühling, so etwa ab Mitte März, beginnt der süße Saft aus der Baumrinde zu laufen. Im Laufe der Besichtigung dieser modernen Fabrik lernen Sie alles über die Herstellung von Ahornsyrup. In einem kleinen Laden werden süße Versuchungen wie Ahornzucker, hausgemachte Pralinen, Popcorn und natürlich Syrup verkauft.

Wenn Sie den Pierce Stocking Scenic Drive entlangfahren, sehen Sie eine der Hauptattraktionen dieser Region: die wunderbare Dünenlandschaft. Zur Jahrhundertwende lag hier die Manitou Passage. Als die Schiffahrt auf dem Great Lake noch großgeschrieben wurde, passierten über 100 Frachter diese Wasserstraße zwischen den Manitou Islands und dem Festland. Wegen der oft rauhen See liegen hier viele Wracks und zwangsläufig gab es auch eine Menge Leuchttürme und Seenotrettungsstationen. Eine dieser Stationen hat der National Park Service in das **Sleeping Bear Point Coast Guard Station Maritime Museum** umgewandelt. Die frühere Rettungsstation nahem 1901 ihren Dienst auf und stand ursprünglich am Sleeping Bear Point. Als sich 1930 eine große Wanderdüne anschickte, das Gebäude unter sich zu begraben, versetzte es die Küstenwache 2 Kilometer weiter in Richtung Glen Haven. 1942 wurde der Dienst schließlich eingestellt und heute beherbergt das Haus ein nett restauriertes Museum, in dem die Geschichte des U.S. Life Saving Service erzählt wird.

Das Wahrzeichen von Leland ist eine Anhäufung kleiner Hütten, in denen einst Fischer lebten. Heute sind diese Hütten ein "historic district", der Fishtown genant wird. Von den kommerziellen Fischereien ist nur die Carlson Fishery übriggeblieben und diese Gebäude sind restauriert und es gibt Spezialitätenläden jeder Couleur. In Fishtown können Sie zu einem Trip nach South Manitou Island aufbrechen. Diese Insel im Lake Michigan gehört zum Sleeping Bear National Lakeshore und liegt 17 Meilen vor der Küste.

Die Überfahrt mit der Fähre dauert eineinhalb Stunden und man kommt an einem Leuchtturm und der schönen Küste mit den Sleeping Bear Dünen vorbei. Die Insel selbst, mit ihrem Naturhafen und einem Hartholzwald, zog seit 1840 Siedler an. Vier Stunden können Sie auf der Insel bleiben und ihre interessante Geschichte entdecken — beispielsweise das kleine Museum ansehen, die 116 Stufen auf den Leuchtturm hinaufklettern oder ein Picknick an einem der nahegelegenen Strände machen. Spannend ist die Besichtigung der *Francisco Morazan,* eines liberianischen Frachters, der im November 1960 auf Grund lief. Ein großer Teil des Schiffes ist sichtbar.

Wer mehr von der Insel erleben will, sollte für ein oder zwei Nächte (gratis, da eine Einrichtung des National Park Service!) auf dem Wheather Station Campground übernachten. Ihr Essen müssen Sie allerdings selbst mitbringen, auch Zelte, Schlafsäcke und alles weitere an Outdoor-Ausstattung.

Was Paw Paw in Südwest-Michigan zur führenden Weinanbauregion im Staat gemacht hat, nämlich guter Boden und mildes Klima, trifft auch für Leelanau und Old Missionary zu, zwei Landzungen voller Obstplantagen und einem halben Dutzend Weingütern, in denen überraschend gute Qualität produziert wird.

Alle Weingüter haben einen Probierraum und wer mag, schafft alle an einem Tag. Der schönste von allen ist bei **Boskydel Vineyard** zu finden, ein kleines Weingut direkt am Lake Leelanau. Es gibt hier zwar kein Restaurant, nicht einmal Picknicktische, aber es ist an einen Hang gebaut und vom Parkplatz aus haben Sie einen wunderschönen Blick über die Rebenlandschaft bis hinunter zum See, alles eingerahmt von den sanften Hügeln der Halbinsel Leelanau. Daß Bernie Rinke einmal Winzer werden sollte, war sozusagen in der Familientradition festgelegt. Er wuchs auf einem Bauernhof in Ohio auf und sein Vater schmuggelte während der Prohibition Wein.

Rinke fing 1964 mit dem Anbau von Wein an und produziert heute 2.500 Kisten halbtrockenen und trockenen Rot- und Weißwein. Rinke selbst würde am liebsten den ganzen Tag im Probierzimmer sitzen, den Gästen ein Glas Wein servieren (Plastikbecher gibt es hier nicht!) und über den Weinanbau philosophieren.

SUGAR SHACK

Von der M-72 aus 15 Meilen westlich von Traverse City, Tel. 616/228-5835.
Während der "Syrupsaison" (Mitte März bis Ende April) montags bis freitags 9—17 Uhr, samstags 9—12 Uhr.

SLEEPING BEAR MARITIME MUSEUM

Glen Haven, Auskünfte über den Park und das Museum beim Park Headquarter in Empire unter Tel. 616/326-5134.

SOUTH MANITOU ISLAND

Überfahrten mit der Fähre täglich von Juni bis Ende August, Tel. 616/256-9061 oder 616/271-4217.

BOSKYDEL VINEYARD

3,5 Meilen südöstlich von der Stadt Lake Leelanau an der Straßenkreuzung County Road 641 und Otto Road.
Rund ums Jahr können Sie täglich von 13—18 Uhr Wein probieren.

GRAND TRAVERSE COUNTY

Dieser Landkreis ist von der Grand Traverse Bay dominiert, die von der Halbinsel Old Missionary in zwei Teile geteilt wird. Die Bucht liegt daher besonders geschützt, was sie zu einem Paradies für Wassersportler macht. Segelboote und Katamarane sind überall zu sehen. Eines der beeindruckendsten Boote ist die **Malabar,** eine Replica eines Schooners mit zwei Masten aus dem Jahr 1850. Das über 30 Meter lange Holzboot wurde 1975 in Bath im Bundesstaat Maine gebaut und schippert im Sommer vor Traverse City herum, im Winter vor Key West in Süd-Florida. Auf der Malabar können Sie eine Kabine mieten, sozusagen Urlaub auf einem schwimmenden Bed & Breakfast machen.

Wer sich das Wasser lieber von oben betrachtet, sollte bei der Firma **Grand Traverse Balloon** eine Fahrt mit einem Heißluftballon buchen. Die Fahrten beginnen auf den Länderein des Weinguts Château Grand Traverse auf der Halbinsel Old Missionary — und das entweder bei Sonnenauf- bzw. Sonnenuntergang. Die Ausblicke von oben sind wirklich spektakulär: Kirschplantagen, Traverse City, die schmale Halbinsel, das himmelblau schimmernde Wasser – für drei Stunden tauchen Sie in eine traumhafte Welt ein.

Nördlich von Traverse City, an der US-31, kommen Sie zum **Music House.** Hier können Sie das Autoradio getrost ausmachen und Ihren Kindern die Kopfhörer der Walkmen aus den Ohren nehmen. Gehen Sie dann auf eine Entdeckungsreise durch die Zeitgeschichte der Musik, denn im Music House werden automatisch betriebene Musikinstrumente aus der Zeit von 1880 bis 1920 gezeigt. Das Ganze ist eigentlich mehr Unterhaltung als Bildung, denn die einstündige Tour ist eine musikalische Reise von der kleinen Musikbox bis zur größten Tanzorgel, die einst einen Ballroom beschallte.

Zu sehen sind außerdem etliche Phonografen, der berühmte RCA-Hund ("His Masters Voice") und sogenannte "Sprechmaschinen", die Töne über Wachszylinder anstelle über Schallplatten erzeugten.

Noch ein paar Meilen weiter im Norden liegen die **Amon Orchards,** wo Touren durch Kirschplantagen angeboten werden, und zwar auf einem Traktor. Im Juli können Sie beobachten, wie Kirschen mechanisch gepflückt werden.

MALABAR
13390 Southwest Bay Shore Drive, Traverse City, Traverse Tall Ship Company, Tel. 616/941-2000. Tägliche Kreuzfahrten durch die Bucht von Grand Traverse.

GRAND TRAVERSE BALLOON
Auskünfte über die Fahrten mit dem Heißluftballon sowie Reservierungen unter Tel. 616/947-7433.

THE MUSIC HOUSE
Acht Meilen nördlich von Traverse City an der US-31, Tel. 616/938-9300. Vom 1. Mai bis Ende Oktober täglich 10—16 Uhr, in den Wintermonaten freitags und samstags 10—16 Uhr und sonntags 13—16 Uhr.

AMON ORCHARDS
Etwas nördlicher auf der US-31 als das Music House, Tel. 616/938-1644. Die neunzigminütigen Führungen werden mit Beginn der Kirschblüte im Mai aufgenommen und bis September täglich um 10 Uhr und um 14 Uhr durchgeführt.

CHARLEVOIX COUNTY

Südlich von Charlevoix, am Lake Michigan, liegt noch ein weiterer State Park, und zwar der **Fisherman's Island State Park.** Mit drei Meilen sandiger Küste, tollen Möglichkeiten zum Schwimmen und schönen Ausblicken auf den Great Lake hat es zunächst dasselbe zu bieten wie viele andere Parks auch. Darüber hinaus gibt es jedoch noch einen komfortablen Zeltplatz mit 15 Einheiten, viele direkt am See unter Bäumen gelegen. Eine weitere Besonderheit in diesem Park sind die Petoskey-Steine, versteinerte Korallen. Sie sind ein Überbleibsel der Korallenriffs, die sich vor 300 Millionen Jahren in den Frischwasserseen zwischen Charlevoix und Alpena befanden. Die versteinerten Korallen werden poliert und als Schmuck, Gewichte und andere dekorative Dinge verwendet. Steinsammler sind der Ansicht, daß der felsige Strandabschnitt des Parks der beste Ort ist, um Steine zu finden. An der Ranger Station gibt es eine Karte und ein Informationsblatt zu den Petoskey-Steinen.

Die Great Lakes haben den Bundesstaat Michigan mit vielen Meilen wunderschöner Küste und vielen Inseln gesegnet, die zu beliebten Urlaubsorten geworden sind. Zu diesen Inseln gehört vor allem Mackinac Island, eine nichtmotorisierte Insel, die in den Sommermonaten von Touristen nur so überschwemmt wird. Es gibt aber auch viele Inseln, auf denen Sie keine Menschenmassen antreffen und die nicht so stark kommerzialisiert sind. Eine dieser Inseln ist **Beaver Island,** die mit der Fähre von Charlevoix aus zu erreichen ist.

Beaver Island liegt 32 Meilen nordwestlich von Charlevoix, ist mit Wald, Seen und Farmen bedeckt und wird wegen ihrer großen irischen Einwohnerschaft auch als "Emerald Isle" (Grüne Insel) bezeichnet. Die Geschichte der Insel geht zurück in das Jahr 1832, als Bischof Frederic Baraga einer hier lebenden kleinen Indianersiedlung das Christentum beibringen wollte. 1847 kam James Jesse Strang auf der Insel an.

Der Mormone und seine Anhänger hatten sich gerade von einem anderen Anführer losgesagt und gründeten St. James, die einzige Stadt auf der Insel. Schließlich krönte Strang sich selbst als "King of Beaver Island" und regierte Insel und Sekte mit eiserner Hand bis er 1856 von einem verdrossenen Untertan erschossen wurde. Nach 1870 siedelten sich viele irische Immigranten auf der Insel an, die überwiegend als Fischer arbeiteten. Noch heute können viele der 350 Inselbewohner auf eine irische Herkunft verweisen.

Auf der "Biberinsel" gibt es Unterkünfte und Restaurants, aber in den Sommermonaten ist sie auch ein idealer Tagesausflug. Von Charlevoix aus können Sie um 8.30 Uhr die Fähre nehmen, die Sie nach einem sechsstündigen Inselaufenthalt um 17.30 Uhr wieder zurückbringt. In St. James gibt es zwei Museen: die alte Druckerei der Mormonen, die "König" Strang 1850 hatte bauen lassen und das Marine- und Hafenmuseum, in dem über die Epoche der Fischerei berichtet wird.

Sie können auch Mountain Bikes oder einen Jeep mieten und sich auf der Insel umsehen. Es gibt über 100 Meilen Straßen, von denen die meisten allerdings nur aus Sand oder Schotter bestehend. An einem schönen Sommertag macht es eine Menge Spaß, an den alten Bauernhäusern, an den Seen und an der schönen Küste vorbeizufahren. Vielleicht legen Sie ja auch einen Stop beim Leuchtturm ein oder machen einen Motorboottrip rund um die Insel. Vergessen Sie nicht, leckere Kleinigkeiten für ein Picknick einzupacken, denn sicherlich finden Sie irgendwo ein ruhiges Plätzchen zum Verweilen.

Viele Schriftstellerinnen und Schriftsteller haben oder hatten eine Verbindung zu Michigan, aber niemand war so bekannt wie Ernest Hemingway. Als Junge verbrachte er die Sommermonate auf dem Familienlandsitz am Walloon Lake. Fans des Schriftstellers begeben sich hier auf die Spuren eines Mannes, der hier sein Talent zum Schreiben entdeckte. Die meisten fangen ihre Entdeckungsreise in Poteskey's Little Traverse Historical Museum (siehe Emmet County) an und fahren dann die US-141 zum Walloon Lake hinunter. Einige besuchen gar den Hemingway Point an der Südküste von Lake Charlevoix wohin der junge Autor einst flüchtete, als er von einem Wildaufseher verfolgt wurde. Selbstverständlich hingegen ist ein Stop beim **Horton Bay General Store** auf der anderen Seite des Sees an der Boyne City Road.

Auf der Veranda dieses 1876 erbauten Ladens spielte der kleine Ernest und im nahebei gelegenen Horton Creek angelte er Regenbogenforellen. Seine erste Ehefrau heiratete er in Horton Bay's Congregational Church und irgendwann tauchte dann der Lebensmittelladen in seiner Kurzgeschichte "Up in Michigan" auf. Der Laden selbst hatte im Laufe der Zeit viele Besitzer, aber erstaunlicherweise hat sich das Äußere kaum verändert.

Die Route von Horton Bay um den Lake Charlevoix herum ist landschaftlich sehr reizvoll. Dabei kommen Sie durch den Young State Park, durch den historischen Stadtkern von Boyne City und Sie gelangen ganz in die Nähe von Hemingway Point, wo die Ferry Road am Südarm des Sees plötzlich endet. Wenn Sie weiterfahren möchten, müssen Sie die **Ironton Ferry** auf die andere Seite nehmen. Die fünfminütige Überfahrt gehört für mich zu den schönsten Bootstrips, die man nur machen kann.

Fährenbetrieb gibt es hier seit 1876; damals allerdings wurden Barken von Pferden durch den Seitenarm gezogen. Die gegenwärtige Fähre ist seit 1926 im Dienst und wird von Kabeln gezogen, die sich auf dem Grund des Sees befinden. Die Ironton Ferry kommt sogar in dem Kuriositätenkabinett "Ripley's Believe It or Not" vor. Trotz ihrer Größe (sie kann vier Autos befördern) und der Länge des zu bewältigenden Trips (etwas mehr als 150 Meter) hat sie kein Ruder. Außerdem gibt es keinen Fahrplan.

Auf der Küstenseite, wo Hemingway's Familie ihren Landsitz hatte, gibt es einige Gebäude von historischem Interesse. Zum Beispiel das Gasthaus Walloon Lake. Das jahrhundertealte Haus hat ein paar Gästezimmer in der ersten Etage und in Parterre ein gutes Restaurant und die **Fonds du Cuisi-**

Ernest Hemingway >>

ne Cooking School. In den Wintermonaten arbeiten hier die Schülerinnen und Schüler vier Vormittage pro Woche mit Chefkoch David Beier. Nachmittags wird das Gekochte im Restaurant verspeist.

FISHERMAN'S ISLAND STATE PARK
Südlich von Charlevoix, Abfahrt US-31, Ranger Station, Tel. 616/547-6641.

BEAVER ISLAND
Chamber of Commerce, P.O. Box 5, Beaver Island, St. James, MI 49781, Tel. 616/448-2505. Beaver Island Boat Company (Fährenbetrieb), Tel. 616/547-2311. Beaver Island Sports and Rental (Verleih von Mountain Bikes und Jeeps), Tel. 616/448-2266.

HORTON BAY GENERAL STORE
Boyne City Road in Horton Bay. Montags bis samstags 8—21 Uhr, sonntags 8—17 Uhr.

IRONTON FERRY
Fährenbetrieb von Mitte April bis Mitte November täglich 6.30 Uhr bis 22.30 Uhr.

FONDS DU CUISINE COOKING SCHOOL
Walloon Lake Inn in Walloon Lake Village, 8 Meilen südlich von Petoskey, Tel. 616/535-2999.

DIE ÖSTLICHE OBERE HALBINSEL

"Mighty Mac" mag ja zunächst nach einem gigantischen Hamburger klingen, aber für die Einwohner von Michigan ist es ganz einfach nur die Bezeichnung für die Mackinac Bridge, die einzige Verbindung zwischen der unteren und der Oberen Halbinsel. Bereits 1884 hatte man den Bau der Brücke in Betracht gezogen, doch erst 1957 war es soweit. Seitdem verbindet die 5 Meilen lange, und damit drittlängste Brücke der USA, die beiden Landesteile miteinander. Die ersten 120 Jahre seines Bestehens war der Staat Michigan also durch die Wasserstraße von Mackinac geteilt.

Die meisten Touristen bezeichnen die Fahrt über die **Mackinac Bridge** als außerordentlich interessant: den 360-Grad-Panoramablick über die Küste, die Great Lakes und viele Inseln, während unter der Brücke Frachter, Fähren und Fischerboote zu sehen sind. Die Brücke ist auch ein Verbindungsglied zwischen zwei Welten. Im Gegensatz zu dem industrialisierten Süd-Michigan bestand die Wirtschaft auf der Oberen Halbinsel ausschließlich aus Bergwerken und dem Abbau von Holz. Als die majestätischen weißen Pinien alle gefällt und die Minen geschlossen waren, sah diese Region harten Zeiten entgegen, die in gewisser Weise noch heute fortbestehen. Die Einwohnerinnen und Einwohner des Nordens sind schnell mit der Anmerkung zur Hand, daß die erste Siedlung nicht in Detroit sondern in Sault Sainte Marie war und daß es so schnell nicht mit ihnen bergab gehen würde. Auf der Oberen Halbinsel ist Überlebenskampf zu einer Art *Way of Life* geworden.

Reisende werden schnell herausfinden, daß es auf der anderen Seite der Brücke einzigartig anders ist, daß Naturschönheiten zu bewundern sind. Autobahnen sind hier so gut wie nichtexistent, Motels und Fast-Food-Restaurants gibt es nur sehr, sehr wenige. Beinahe jede Straße auf der Oberen Halbinsel ist "abseits ausgetretener Pfade", die Gasthäuser und Cafés sind noch im Familienbesitz und wer etwas für die Natur übrighat, kann sich an den Seen, Wäldern und Flüssen erfreuen.

Die östliche Obere Halbinsel

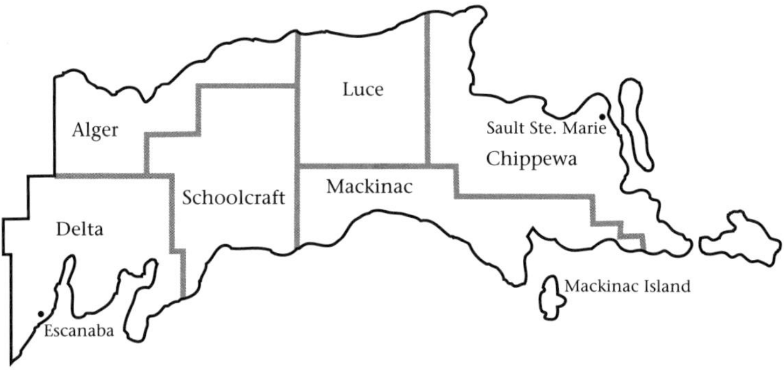

MACKINAC COUNTY

Der Ausblick von der Mackinac Bridge ist ja schon sehr schön, aber den besten Blick auf die Brücke und die gesamte Nordküste haben Sie vom **Father Marquette National Memorial,** außerhalb von St. Ignace gelegen. Vater Marquette, ein Jesuitenpriester aus Frankreich, paddelte durch die Great Lakes und gründete 1668 zunächst Sault Sainte Marie und drei Jahre später St. Ignace. Und als sei das nicht genug – anschließend ging er wieder auf Paddeltour und begleitete Louis Jolliet den 3.000 Meilen langen Trip den Mississippi hinunter. Nebenbei bemühte er sich darum, "ungläubige" Indianer zum Christentum zu bekehren. All dies "vollbrachte" er in nur neun Jahren — bis er 1675 am Ufer des Lake Michigan das Zeitliche segnete. Um das dreihundertjährige Bestehen von Marquette's Entdeckung gebührend zu feiern, wurde in St. Ignace ein Denkmal errichtet. In dem Denkmal befindet sich außerdem ein Museum (1. Juni bis Ende August täglich 8—20 Uhr geöffnet), in dem die Odyssee Marquette's in Form eines sechzehnminütigen Films dargestellt wird.

Eine der schönsten Küstenstraßen in Michigan ist zweifelsfrei die US-2 zwischen St. Ignace und dem Dörfchen Naubinway. Den Blick auf den Lake Michigan, auf Strände, Dünen und vorgelagerte Inseln ist schlichtweg spektakulär. Sie können diese Fahrt in weniger als einer Stunde machen, Sie können aber auch Tage damit verbringen, an den schönsten Punkten anzuhalten, an Seen zu campen und sich in den Parks umzusehen. Einer dieser Zeltplätze liegt im **Hog Island Point State Forest,** ziemlich versteckt zwischen Epoufette Bay und Naubinway und daher auch leicht zu verfehlen. Der eher rustikale Zeltplatz (Keine Elektrizität, keine Duschen) liegt direkt am schönen Ufer; Sand und Wellen liegen sozusagen vor der Zelttür.

Nördlich dieses Streckenabschnitts gibt es zunehmens Motels, Lebensmittelläden und Cafés, aber die Läden sind alle unterschiedlich, keine Kettenläden, und zu erwähnen ist insbesondere **Lehto's Pasties,** etwa acht Meilen nördlich von St. Ignace. Es ist der erste von vielen Pastyshops, die Sie auf der Oberen Halbinsel sehen werden. Cornish Pasty, dieses Blätterteiggericht aus Cornwall im Süden Englands, ist in diesem Teil Michigans **die** Spezialität. Der Laden ist geöffnet von Mai bis November täglich von 8.30 bis 18 Uhr.

CHIPPEWA COUNTY

Die älteste Stadt Michigans Sault Sainte Marie zählt 15.000 Einwohnerinnen und Einwohner und ist seit den Zeiten der französisch-kanadischen Reisenden im frühen 18. Jahrhundert eine wichtige wirtschaftliche Drehscheibe. Von hier aus wurden Pelze auf Kanus durch die Gewässer in alle Himmelsrichtungen verschifft. Die lebendige Geschichte spiegelt sich bei einem Spaziergang durch die Water Street. Hier, gleich neben dem Visitor Information Center, ist die **SS Valley Camp** angedockt. Der Frachter gehörte früher der Republic Steel Company und ist inzwischen in eines der größten Schiffahrts-Museen an den Great Lakes umgewandelt worden.

Die Besucherinnen und Besucher können einen Blick in die ehemaligen Mannschaftskabinen, in die Kapitänskajüte, in den Maschinen- und in den Frachtraum werfen. Außerdem sind Aquarien mit Frischwasserfischen und Modelle von Schiffen zu sehen, die früher die Great Lakes befuhren.

Um zu den Schleusen zu gelangen, gehen Sie die Water Street in nördliche Richtung weiter, die hier **Locks Park Walkway** heißt und einen Einblick in die 350-jährige Geschichte von Sault Sainte Marie ermöglicht. Viele der Gebäude sind restauriert worden, unter anderem das Baraga Haus aus dem Jahr 1864. Es gehörte dem Missionar und Historiker Bischof Frederic Baraga, der als "Snowshoe Saint" ("der Heilige mit den Schneeschuhen") und erster Bischof auf der Oberen Halbinsel in die Geschichte einging.

Das Haus stammt ursprünglich bereits aus dem Jahr 1794 und gehörte einem irischen Pelzhändler. Damit ist es das älteste Haus in ganz Michigan. Die Straße führt auch an der Stelle vorbei, wo einst das Fort Brady stand, das 1823 von den Amerikanern erbaut wurde und wo 1820 General Lewis Cass die letzte britische Flagge auf US-amerikanischem Boden einholte.

Die Water Street endet am Soo Lock Park im Herzen von Downtown Sault Sainte Marie. Der U.S. Army Corps of Engineers unterhält den Park und das Besucherzentrum und gleich neben den Schleusen habe sie eine Aussichtsplatform errichtet, die den Besuchern einen glänzenden Ausblick auf den Schiffsverkehr und die unterschiedlichen Wasserstandshöhen der Seen ermöglicht.

Wer mag, kann das Geschehen auch von einem Schiff aus beobachten. Während einer zweistündigen Fahrt den St. Mary Fluß hinauf und wieder hinunter bietet **Soo Locks Boat Tours** dazu Gelegenheit.

Genauso bekannt wie die Schleusen ist **The Antlers,** eine irische Bar und Restaurant auf der Portage Avenue. Das Äußere des einfachen Steinhauses, in dem seit über 75 Jahren gegessen und getrunken wird, ist ein wenig irreführend. Die Inneneinrichtung besteht aus einem Sammelsurium an Gegenständen, die manche schlichtweg nur als "Junk" (Mist) bezeichnen würden. Dazu gehören hunderte von ausgestopften Tieren an den Wänden, ein von der Decke hängendes Kanu und eine drei Meter lange (natürlich ebenfalls ausgestopfte!) Boa Constrictor über der Bar. An den Wänden ist jedenfalls kein freier Platz zu finden.

Die Strecke zwischen Whitefish Bay (in Brimley) und Whitefish Point gehört ebenfalls zu den sehenswerten in dieser Gegend. In Brimley biegen Sie auf den Lakeshore Drive in Richtung Westen ab, wo Sie dann an der Küste weiterfahren und eine tolle Sicht auf Strände und Buchten des Lake Superior genießen können. Nach 7,5 Meilen gelangen Sie zur **Point Iroqouis Lightstation.** Der klassische Leuchtturm wurde 1870 erbaut und war bis 1963, abgelöst durch eine Radarstation, in Betrieb. Seit 1984 steht er im National Register of Historic Places und ist der Öffentlichkeit zugänglich. Im früheren Haus des Leuchtturmwärters ist eine kleine Ausstellung zusammengetragen und im Leuchtturm selbst ist die geschwungene Treppe mit 70 Stufen die Attraktion. Von oben sehen Sie die gesamte Küste mit der Whitefish Bay, dem Lake Superior und dem ein oder anderen passierenden Frachter.

Der Lakeshore Drive endet an der Einmündung in die M-123. Diese Straße ist ziemlich vielbefahren, denn sie führt zuerst an der Whitefish Bay vorbei und dann ins Landesinnere zu den Tahquamenon Falls, den nach den Niagara-Fällen zweitgrößten Wasserfällen östlich des Mississippi. Obwohl das natürlich die meisten Touristen sehen wollen, gibt es gute Gründe nördlich auf der Whitefish Point Road weiterzufahren. Am Ende der Straße, ganz an der Spitze dieser wie am Ende der Welt gelegenen Halbinsel liegt nämlich das **Great Lakes Shipwreck Museum.** Whitefish Point ist eine Kombination von sandigen Stränden, kleinen Dünen und riesigen Wellen vom Lake Superior, die hier an die Küste rollen. Segler bezeichneten diese Küste als "Graveyard of the Great Lakes" (Friedhof der Great Lakes). Die wilden Stürme aus Nordwest, die sich im Laufe von 200 Meilen offenen Wassers auf-

bauen können, haben für 300 Schiffswracks und über 320 ertrunkene Matrosen gesorgt.

Die Great Lakes Shipwreck Historical Society, eine Gruppe von Tauchern, die sich auf die Suche nach den Wracks begeben hatte, hat das Museum 1986 in einem leerstehenden Gebäude der Küstenwache eröffnet. Zu sehen sind Zeichnungen und Fotos der untergegangenen Schiffe sowie auf den Tauchzügen gefundene Gegenstände aus den Wracks. Die ältesten Wracks stammen aus dem frühen 19. Jahrhundert, das letzte und größte ist die Edmund Fitzgerald, in deren Inneren sanfte Musik und theatralische Soundeffekte mit Mövengeschrei und Nebelhörnern auch bei Ihnen garantiert für eine Gänsehaut sorgen. In einem Nebengebäude werden Unterwasserfilme der gesunkenen Schiffe gezeigt und manchmal ist auch das ehemalige Haus des Leuchtturmwärters zur Besichtigung geöffnet.

Die Gegend rund um das Museum ist ein Naturschutzpark, bekannt vor allem durch die Vielzahl der hier nistenden Vögel. Die Michigan Audubon Society hat gegenüber vom Leuchtturm das **Whitefish Point Bird Observatory** aufgemacht, wo Sie sich über die Vogelarten informieren können. Mit etwas Glück sehen Sie die Tiere dann sogar auf deren Trails herumspazieren.

SS VALLEY CAMP

Water Street, Sault Saint Marie, Tel. 906/632-3658. 15. Mai bis 30. Juni täglich 10—17 Uhr, 1. Juli bis 31. August 9—20 Uhr, 1. September bis 16. Oktober 10—17 Uhr.

SOO LOCKS BOAT TOURS

Portage Avenue South, Sault Sainte Marie, Tel. 906/632-2512. Schiffstouren auf dem St. Mary River mit Fahrt durch die Schleusen 15. Mai bis 15. Oktober. Erste Abfahrt täglich um 9 Uhr, letzte Abfahrt um 17.30 Uhr.

THE ANTLERS

Portage Avenue, Sault Sainte Marie, Tel. 906/632-3571. Täglich 11—22 Uhr.

Das (preiswerte) Restaurant ist bekannt für seine Steaks und seine Hamburger.

POINT IROQUOIS LIGHTSTATION

Letzter Montag im Mai bis Ende August täglich 9—19 Uhr.

GREAT LAKES SHIPWRECK MUSEUM

Öffnungszeiten des Museums: Letzter Montag im Mai bis Mitte Oktober täglich 10—18 Uhr.

WHITEFISH POINT BIRD OBSERVATORY

Gegenüber von Shipwreck Museum und Leuchtturm.

ALGER COUNTY

Fleischpasteten (Pasties) gehören unweigerlich zu den Spezialitäten, deren Zubereitung jeder Koch und jede Köchin auf der Oberen Halbinsel im Schlaf beherrscht. Eine weitere Leckerei aus diesen Regionen im Norden Michigans ist geräucherter Fisch. Wenn Sie die Küstenstraße am Lake Superior entlangfahren, kommen Sie an vielen Rauchfängen vorbei, vor denen Forellen, Heringe und andere Fische (natürlich alle geräuchert) angeboten werden.

Bei Vern Kirkens aus Grand Marais schmeckt der Fisch am allerbesten. Seit den 60er Jahren ist Kirkens im Räucherbusiness tätig und heute ist er Leiter von **Lefebvre's Fresh & Smoked Fish Market.** Kirkens ist davon überzeugt, das Fisch am besten mit Hartholz geräuchert werden sollte. Er bevorzugt den Gebrauch von Zuckerahorn. Er berichtet auch, daß viele Räuchereien um Kosten zu sparen ganz einfach nur Propangas benutzen. Wenn Sie noch nie geräucherten Fisch probiert haben sollten, versuchen Sie zuerst Seeforelle, weil sie viel delikater schmeckt als Weißfisch oder Hering. Der geräucherte Fisch wird hier zusammen mit einem Stück Cheddarkäse auf dunklem Brot verspeist, dazu gibt es ein kühles Bier — das alles am Sandstrand genossen — viele meinen, das sei das ultimative Urlaubsvergnügen auf der Oberen Halbinsel.

Grand Marais war früher eine boomende Stadt, die ihren Reichtum, wie beinahe alle Städte in Michigan, dem Holzabbau zu verdanken hatte. Zur Jahrhundertwende noch von 2.500 Menschen bewohnt, hält es hier heute gerade noch 400 Einwohner. Von Grand Marais aus gelangen Sie zu der östlichen Seite des Pictured Rocks National Lakeshore. In der Nähe des Hafens unterhält der Parkservice die **Grand Marais Ranger Station** sowie das **Maritime Museum.** Hier gibt es auch Kartenmaterial und Informationen über den Park. Die Ranger werden Ihnen sicherlich einen Besuch bei den **Grand Sable Banks and Dunes** empfehlen. Um zu den sandigen Hügeln zu gelangen, folgen Sie der County Road H-58 nach Sable Falls und dann zum Grand Sable Visitor Center. Von dort aus führen Trails, kleine Wanderwege, in die Dünenlandschaft hinein.

Von Munising gelangen Sie zu den **Pictured Rocks**. Dabei handelt es sich um Klippen aus Sandstein, die bis zu 60 Meter über den Lake Superior aufragen, und das auf einer Länge von 15 Meilen. Diese Klippen gehören natürlich zu den Top-Attraktionen auf dem Upper Peninsula. Die schönste Klippenformation heißt Miner's Castle und beinahe ebenso berühmt sind die **Munising Falls**, nur wenige Meilen weiter im National Park. Ein kleiner Weg führt Sie in den Wald hinein zu einem schattigen Canyon aus Sandstein. Von einer Klippe stürzt sich ein Wasserfall 150 Meter in die Tiefe. Dieses Schauspiel können Sie sogar von hinten betrachten, denn dort ist eine Treppe mit verschiedenen Aussichtsplatformen angebracht.

Wenn Sie die County Road H-58 in Richtung Hurricane River Campground weiterfahren, kommen Sie zur **Au Sable Lightstation** und auf dem Weg dahin sehen Sie ein Schild mit dem Hinweis "Shipwrecks". Unten am Strand sehen Sie die Wracks dann auch tatsächlich liegen. Die Ruinen, denn mehr ist wirklich nicht von ihnen übriggeblieben, sind manchmal kaum zu erkennen. Ein wenig weiter liegen noch drei weitere Schiffswracks, die halb vom Sandstrand begraben sind.

SCHOOLCRAFT COUNTY

Blaney Park heißt der Ort, der sich zu sterben weigert. Die Häuser waren alle schon auktioniert, aber ohne Erfolg. Heute bietet sich das Dorf als Ausgangspunkt für Ausflüge auf die Obere Halbinsel an. Nur 90 Minuten entfernt liegen die beliebtesten Attraktionen wie die Tahquamenon Wasserfälle, die Pictured Rocks, die historische Stadt Fayette, und natürlich Meilen über Meilen sandiger Strand am Lake Michigan.

Auch Blaney war früher ein Holzfällercamp und die ganze Gegend war bis 1926 vollständig abgeholzt. Nun mußten sich die Bewohner nach einer anderen Herausforderung umsehen und die Antwort lag nahe: eine Art Kurort sollte entstehen. Als erstes änderte man den Dorfnamen in Blaney Park. Und die Touristen kamen tatsächlich, vor allem aus dem Mittleren Westen der USA. Es gab einen Golfplatz, Tennisplätze, Reitställe, schöne Strände und als besonderen Bonus einen beleuchteten Swimmingpool. Einer von den reichen Holzbaronen hatte sich ein Anwesen namens **Celibeth** gebaut, das nun, man schrieb das Jahr 1934, als

"A beautiful club-type Hotel" bezeichnet und an Gäste vermietet wurde. Als die Verkehrsverbindungen verbessert (und an Blaney Park vorbeigeführt) wurden, bedeutet das den Niedergang des Ortes. Die Familie, die Blaney Park besaß, versuchte zweimal, alles unter den Hammer zu bringen. Mit dem Resultat, daß sie es zurückbekamen, als die Käufer nicht mit der vereinbarten Kaufsumme herausrückten. Die letzte Touristensaison war im Jahre 1972. Die meisten Häuser wurden vernagelt und 1985 ging es dann zur Auktion. Celibeth wurde von Elisa Strom ersteigert, die dort früher als Servierin gearbeitet hatte. Zwei Jahre später gab es eine Wiedereröffnung als Bed & Breakfast mit 22 geschmackvoll eingerichteten Zimmern.

Der größte Teil des Landkreises Schoolcraft gehört zum Tierschutzgebiet **Seney National Wildlife Refuge,** das es seit 1935 gibt. Das innerhalb eines Sumpfes gelegene Areal war durch den Abbau von Holz nahezu unbrauchbar geworden. Erst als ein Unternehmen die Entwässerung des Landes vornahm, konnte es 1911 stückweise als Farmland an Bauern verkauft werden. Ein Jahr später merkten die Bauern jedoch, daß man sie betrogen hatte: die Erde war praktisch unfruchtbar. Wieder war eine riesige Menge Land vorhanden, die niemand haben wollte. Es fiel schließlich an den Staat und man beschloß, ein Schutzgebiet daraus zu machen. 1936 wurden 332 Gänse aus Kanada angesiedelt, die seitdem hier nisten. Weitere Wasser- sowie andere Vögel haben sich inzwischen hier niedergelassen, außerdem gibt es Wölfe, Koyoten, Rehe, Braunbären und Elche. Um alles zu sehen, fahren Sie am besten den **Marshland Wildlife Drive** entlang.

Wenn Sie Lust haben, auf dem Manistique River eine Kanutour zumachen, können Sie sich bei **Northland Outfitters** (in Germfask, Tel. 906/586-9801) eins mieten. Direkt daneben finden Sie das **Eagle's Nest Inn,** ein Restaurant, das in einer Schutzhütte aus den 30er Jahren untergebracht ist.

Ein kleinerer Park, etwa 12 Meilen von Manistique entfernt an der M-149, ist Palms Brook. Bekannt ist der Park vor allem wegen **Kitch-Iti-Kipi,** Michigan's größter Quelle, die minütlich mehr als 10.000 Gallonen Wasser zu Tage bringt. Frühmorgens, wenn der Tau über der Wasseroberfläche liegt, ist es hier besonders schön.

CELIBETH

Blaney Park, Tel. 906/283-3409. Das ganze Jahr über geöffnet.

EAGLE'S NEST INN

Germfask, täglich 11.30—20 Uhr. Von Mitte April bis November montags geschlossen.

DELTA COUNTY

Mitte des 19. Jahrhunderts wurde zu wahnwitzigen Kosten das Eisen aus den Minen der Oberen Halbinsel zu den Fabriken an den unteren Great Lakes transportiert. Die hohen Kosten hingen auch damit zusammen, daß dieses Eisen einen Anteil von 40 Prozent Abfall enthielt. Der General Manager der Jackson Iron Company, Fayette Brown, befaßte sich mit diesem Problem und kam auf die Idee, in der Nähe der Mine einen Hochofen zu bauen. Dort sollte das Eisen zunächst geschmolzen und dann, ohne den Anteil von Abfall, weiterverschifft werden. Der Ort, den er im Sinn hatte, mußte an einem Hafen liegen, Docks haben und Wälder in unmittelbarer Nähe, denn die wurden schließlich als Brennstoff benötigt. 1866 hatte Fayette Brown den richtigen Standort gefunden. **Fayette** war geboren. Die alten Anlagen kann man heute besichtigen. Seit 1959, als der Staat Michigan in seinen Besitz kam, heißt das Areal **Fayette State Park.** Es ist mehr oder weniger eine Geisterstadt, die sich malerisch in das Hafenbecken einfügt und von hohen weißen Klippen umgeben ist.

Wenn es Ihnen Spaß bereitet, in landschaftlich schöner Umgebung zu picknicken, fahren Sie zum **Peninsula Point Lighthouse**. Der Leuchtturm am Stonington Peninsula stammt aus dem Jahr 1865. Die Lichter brennen lange nicht mehr und auch das Haus des Leuchtturmwärters wurde in einem Feuer vernichtet, aber weil die Aussicht von hier so spektakulär ist, wurde wenigstens ein Picknickplatz eingerichtet. Von der oberen Platform aus sehen Sie ein Rundum-Panorama mit der Küste von Escanaba im Westen und dem Lake Michigan so weit das Auge reicht.

FAYETTE STATE PARK

Von der US-2 aus auf die County Road 483, Tel. 906/644-2603.
Acht Zeltplätze, Strand, Bootsrampe und Picknickplätze. Die Öffnungszeiten des Museums: 15. Mai bis 15. Oktober 9—17 Uhr, Ende Mai bis Ende August bis 18 Uhr.

DIE WESTLICHE OBERE HALBISNEL

Die abgelegenste und rauhste Region Michigans ist die westliche Obere Halbinsel. Hier befinden sich die einzigen Berge in den Anliegerstaaten der Great Lakes. Zwischen Baraga und Marquette liegen die Huron Mountains, und entlang der Küste des Lake Superior, von Ontonagon bis Copper Harbor, liegt die Copper Range. In dieser Bergkette gibt es auch die mit 600 Metern höchste Erhebung in Michigan, den Mount Curwood, und die Porcupine Mountains, in denen der umwerfend schöne Lake of the Clouds liegt. In diesen Bergregionen gab es früher viele Minen, in denen Kupfer und Eisen abgebaut wurden. Vom Beginn des 19. Jahrhunderts bis 1940 arbeiteten Bergleute aus Norwegen, Finnland und Italien in den Schächten. Die Überbleibsel dieser Ära sind Geisterstädte, verlassene Minen und Ortschaften, in denen man auf die ethnische Herkunft und auf Traditionen stolz ist. Selbst für die meisten Einwohnerinnen und Einwohner von Michigan ist diese Ecke des Landes sozusagen "am Ende der Welt": Die Entfernung von Detroit nach Copper City ist genauso weit wie die nach Washington D.C. Aber wer diese Gegend erstmal für sich entdeckt hat, schwärmt in den höchsten Tönen von den Naturschönheiten, die sie zu bieten hat; Wasserfälle, unerforschte Wälder, kleine Seen, Einsamkeit.

MARQUETTE COUNTY

Der größte Landkreis in Michigan kann auf 1.800 Seen, 100 Kilometer Küste und Marquette, die größte Stadt auf den Oberen Halbinseln verweisen. Im Jahre 1849 lediglich eine Poststation, zählt Marquette heute 23.000 Einwohner. Als Hafenstadt und somit Umschlagplatz für die Kupfer- und Eisenvorkommen aus den Minen sowie als Siedlung der Holzfäller durchlebte Marquette eine außergewöhnliche Blütezeit.

Wenn Sie auf der Ridge Street in Richtung Lake Superior fahren, sehen Sie die im spätviktorianischen Stil erbauten Anwesen der damaligen Unternehmer und gelangen schließlich zum Marquette Maritime Museum, direkt am Wasser gelegen. Es ist im alten Sandsteingebäude der Wasserwerke untergebracht und zeigt Modelle von Schiffswracks, alte Außenbordmo-

Die westliche Obere Halbinsel

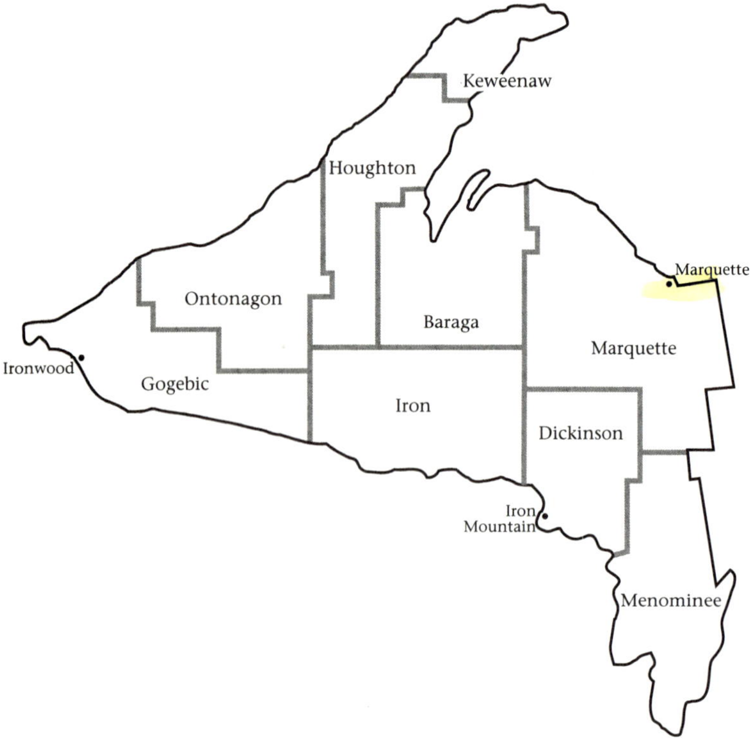

toren, Boote und zeigt die Umstände auf, unter denen einige, nach dem Aussehen ihrer Häuser zu urteilen, unglaublichen Reichtum anhäuften.

Wenn Sie mehr über die maritime Vergangenheit der Stadt erfahren möchten, machen Sie eine neunzigminütige **Marquette Harbor Cruise** auf der *Miss Munising*. Das Schiff fährt vorbei an den Docks am Oberen Hafen, wo während der Saison wöchentlich mehr als ein Dutzend Schiffe mit Frachten beladen werden. Außerdem umrunden Sie Presque Isle, eine Insel mit ganz eigenen Naturfarben: auf den Sandsteinklippen gibt es grüne Pflanzen, das Ufer schimmert rötlich und ein weiteres Teilstück wird als "Black Rocks" (schwarze Felsen) bezeichnet.

Die Eisenerzdocks, wo die Schiffe verladen werden, sind besonders interessant. Der Lake Superior Dock und der Ishpeming Railroad Dock sind noch heute in Betrieb und beide sind vom schönen **Presque Isle Park** besonders gut zu sehen. Der Park ist eine Halbinsel, die sich an der Nordseite von Marquette in den Lake Superior erstreckt. Von den steilen Klippen am Lookout Point und am Sunset Point können Sie auch malerische Sonnenuntergänge beobachten. Außerdem gibt es auf der Halbinsel einen kleinen Zoo, einen Strand, Picknicktische und Fahrradwege. Die Wanderwege dienen Skilangläufern in den Wintermonaten als Loipen.

Im Unteren Hafen liegt das Old Ore Dock, das nicht mehr in Betrieb ist, aber in den Status einer State Historic Site erhoben wurde. Von einem Tisch im **Vierling Saloon** haben Sie einen guten Überblick über die stillgelegte Verladeanlage. Der Saloon wurde 1883 von Martin Vierling, einem Kunstliebhaber und Barkeeper, eröffnet. Zur Zeit der Prohibition war es dann mehr ein Café als eine Kneipe. Die heutigen Besitzer, Terry und Christi Doyle, haben die Uhr der Zeit zurückgedreht und betreiben wieder einen Saloon sowie ein gutes Restaurant. Jeden Monat stellt hier ein anderer Künstler aus. Außerdem sind alte Fotografien aus Marquette zu sehen. Von dem großen Fenster im Restaurant aus haben Sie eine tolle Aussicht auf die alten Docks.

Wenn Sie die County Road 550 gen Norden fahren, gelangen Sie zu dem kleinen Dorf Big Bay, an der Küste des Lake Independence gelegen. Weil 1958 einige Szenen des Spielfilms "Anatomy of a Murder" mit Jimmy Stewart und Lee Remick hier gedreht wurde, erreichte es in der amerikanischen Bevölkerung einen hohen Bekanntheitsgrad. Eine Szene drehte man im Big Bay Hotel, das heute **Thunder Bay Inn** heißt. 1943 wurde es von

Henry Ford erworben, der ein besonderes Vergnügen darin sah, von seinem Wohnzimmer aus seine eigene Fabrik vor Augen zu haben.

Ganz in der Nähe liegt der **Big Bay Point Lighthouse**, etwa 3,5 Meilen nördlich von Big Bay. 1986 wurde aus dem Leuchtturm ein einzigartiges Bed & Breakfast. Oder haben Sie vielleicht schon mal in einem anderen Leuchtturm übernachtet? Sechs Zimmer stehen zur Verfügung, einige davon mit eigener Sauna, und beim Frühstücken können Sie einen unvergesslichen Sonnenaufgang über dem Lake Superior erleben. In einem Waldstück direkt vor der Haustür gibt es zwei Meilen Wanderwege.

In der Nähe von Negaunee, ziemlich abgeschieden in einem Wald, liegt das **Michigan Iron Industry Museum,** ein höchst interessanter Stop, wenn Sie sich für den Eisenabbau interessieren. Die Eisenära auf der Oberen Halbinsel dauerte von Mitte des 19. Jahrhunderts bis in die 60er Jahre. Besucher können nicht nur altes Handwerkszeug bestaunen, sondern auch eine Tour durch eine rekunstruierte Mine machen.

MARQUETTE MARITIME MUSEUM

Ridge Stret in Marquette. Letzter Montag im Mai bis Mitte September täglich 11—20 Uhr.

MARQUETTE HARBOR CRUISE

Ellwood Mattson Lower Harbor Park, Lakeshore Boulevard, Marquette, Tel. 906/225-1777. Tägliche Rundfahrten von Mitte Juni bis zur ersten Oktoberwoche.

PRESQUE ISLE PARK

Täglich 7—23 Uhr geöffnet. Am letzten Wochenende im Juli findet das beliebte Art-on-the-Rocks-Festival statt, auf dem örtliche Künstlerinnen und Künstler ihre Arbeiten ausstellen.

THUNDER BAY INN

In Big Bay, Reservierungen unter P.O. Box 286, Big Bay, MI 49808 oder unter Tel. 906/345-9977.

BIG BAY POINT LIGHTHOUSE

Für Zimmerreservierungen schreiben Sie an Lighthouse, #3 Lighthouse Road, Big Bay, MI 49808, Tel. 906/345-9957. Das ganze Jahr geöffnet. Ermäßigte Raten in der Nebensaison und an Wochentagen. Außerdem werden günstige Specials angeboten.

MICHIGAN IRON INDUSTRY MUSEUM

Von der US-41 abbiegen auf die County Road 492, drei Meilen östlich von Negaunee.
Von Mitte Mai bis Mitte Oktober täglich 9.30—16.30 Uhr.

Big Bay Point Lighthouse >>

KEWEENAW COUNTY

Nach dem ausgesprochen nachdrücklich geäußerten Wunsch von Präsident Andrew Jackson wurde Michigan 1837 zum amerikanischen Staat. Mit großem Grollen hatte man die Oberen Halbinseln toleriert und Toledo an den Staat Ohio abgetreten. In den folgenden sechs Jahren sollte aus der "wertlosen Wildnis" ein Land von unglaublichem Reichtum werden. Douglas Houghton, ein Geologe, hatte nämlich auf der Halbinsel von Keweenaw kleine Stückchen puren Kupfers gefunden. 1841 kamen die ersten Bergleute in die Gegend und in den nächsten zwei Jahren gab es hier einen wahren "Kupferrausch". Viele Minen waren kaum ertragreich und Tausende von Glücksrittern nahmen desillusioniert und gebrochen von ihren Träumen Abschied. Doch immerhin wurden 90 Prozent der gesamten Kupferproduktion des Landes hier zutage gebracht. Und zwar in den beiden profitablen Minen Calumet und Hecla, in deren Nähe der Ort Red Jacket entstand, der später in Calumet umbenannt wurde. 1898 lebten hier 66.000 Menschen, die Stadt war ziemlich reich und bedeutend — aber es gab ein seltsames Problem: Im Stadtsäckel war zuviel Geld. Obwohl die Stadt bereits gepflasterte Straßen, elektrisches Licht und Telefone hatte. Um das Geld auszugeben, entschied man sich zum Bau eines Opernhauses. Es sollte das größte Opernhaus im Mittleren Westen werden, eines, das es mit den schönen Spielstätten an der Ostküste aufnehmen konnte. Das **Calumet Opera House** entstand 1899 und beim Bau im italienischen Renaissancestil wurde keine Ausgabe gescheut. Im Inneren zwei Balkone, darunter auch privat zu nutzende, Mosaike im Rokokostil, und eine phantastische Akustik: Selbst wenn ein Schauspieler auf der Bühne nur flüsterte, konnte er noch in der letzten Reihe problemlos verstanden werden.

Am 20. März 1900 fand vor 1.100 Gästen die erste Vorstellung statt und die "Copper Country Evening News" berichtete vom "greatest social event ever known in the copperdome's metropolis" (wichtigsten Veranstaltung, die je in der Hauptstadt des Kupfers stattgefunden hatte). Große Schauspielerinnen und Schauspieler wie Sarah Bernhardt, Douglas Fairbanks und Lillian Russell traten hier auf. Doch schließlich, als es mit der Stadt bergab ging, brachen auch für das Opernhaus harte Zeiten an. Als die letzte Mine 1968 zugemacht wurde, betrug Calumet's Einwohnerzahl gerade noch 1.000.

An der US-41 zwischen Calumet und Cooper City liegt die **Delaware Mine.** Sie wurde so wiederhergestellt, daß hier Besucher einen Einblick in die Arbeit der Bergleute bekommen. Am Eingang der Mine erhalten Sie einen Bauarbeiterhelm und können dann auf eigene Faust die Tunnel durchstreifen. Um zur Mine zu gelangen, kommen Sie durch Delaware, eine Geisterstadt mit verlassenen Gebäuden. Wie so viele andere Orte auch, war mit dem Ende des Abbaus das Schicksal von Delaware besiegelt.

In Copper Town sollten sie es nicht versäumen, eine finnische Sauna zu besuchen. Es gibt viele in der Gegend, ganz einfach weil so viele Minenarbeiter aus Finnland kamen und die wohlige Tradition aus der Heimat beibehielten. Die **Brockway Sauna** liegt nicht weit vom Lake Superior und manchmal kommt es vor, daß ein Saunabesucher anschließend ein erfrischendes Bad im kühlen See nimmt.

Wegen der rauhbeinigen Natur der Minenarbeiter, der Bedrohungen durch Indianer, denen man das Land weggenommen hatte, wurden 1844 zwei Regimente nach Michigan entsandt. Innerhalb kürzester Zeit hatten sie **Fort Wilkins** gebaut. Die Soldaten bekamen aber nie etwas zu tun und langweilten sich. Außerdem waren die Winter lang und kalt, die Moral wurde zusehends weniger, die Isolation war unerträglich und der Whiskey floß in Strömen. Im zweiten Jahr wurde die Hälfte der Truppe nach Texas in den Mexikanischen Krieg geschickt und 1846, weniger als zwei Jahre nach seiner Gründung, war das Fort wieder verlassen. Zwölf der ursprünglich sechzehn Gebäude sind im Urzustand erhalten und durchaus sehenswert, vor allem Bäckerei, Krankenhaus, Schlafsaal und Küche.

CALUMET OPERA HOUSE

Ecke Sixth Street und Elm Street in Calumet, Tel. 906/337-2610. Geöffnet letzter Montag im Mai bis Mitte Oktober. Geführte Besichtigungen montags bis freitags 10—16 Uhr.

DELAWARE MINE

Zwischen Calumet und Copper Harbor an der US-41, Tel. 906/289-4688. Letzter Montag im Mai bis Mitte Oktober täglich 10—18 Uhr.

BROCKWAY SAUNA

Copper Harbor, gegenüber Minnetonka Resort, Tel. 906/289-4449. Öffnungszeiten: 15. Mai bis 15. Oktober 13—22 Uhr.

FORT WILKINS

Eine Meile östlich von Copper Harbor an der US-41, Tel. 906/289-4215.

Geführte Touren Mitte Juni bis Ende August täglich 10—16.30 Uhr.

ONTONAGON COUNTY

Drei Meilen westlich von Silver City liegt der **Porcupine Mountains Wilderness State Park,** ein Schutzgebiet bestehend aus Seen und Wäldern. Wenn Sie die M-107 bis zum Ende fahren und dann einem hölzernen Pfad folgen, haben Sie einen Blick auf den Lake of the Clouds, ein wie ein Juwel schimmernder See.

Für Wanderer ist diese Region wie geschaffen und wer eine ausgefallene Erfahrung nicht scheut, kann in den rustikalen, sprich einfachen, Hütten im Park übernachten. In diesen Hütten gibt es kein elektrisches Licht, kein fließendes Wasser geschweige denn Toiletten mit Spülung. Dafür gibt es Kerzen, einen Holzofen und ein Plumpsklo – ideal für wahre Naturfreaks, die nicht unbedingt zelten möchten.

Neben Fayette ist **Old Victoria** eine weitere Geisterstadt, deren Besuch lohnenswert ist. Der Ort, der ursprünglich Cushin hieß, wurde 1849 nach Entdeckung einer Kupfermine gegründet und zehn Jahre später wohnten hier 2.000 Menschen. Die meisten Gebäude stammen aus dem späten 19. Jahrhundert – Ruinen eines Steinhauses, Holzfällerhütten — und überall liegt altes Handwerkszeug aus den Minen herum. Die historischen Führungen sind von großem Interesse.

PORCUPINE MOUNTAINS WILDERNESS STATE PARK

Visitors Center an der M-107, Tel. 906/885-5275. Täglich 10—18 Uhr. Landkarten und Reservierungen der Hütten. Letztere auch schriftlich unter Porcupine Mountains Wilderness State Park, 599 M-107, Ontonagon, MI 49953.

OLD VICTORIA

Vier Meilen westlich von Rockland, an der US-45 ausgeschildert. Historische Führungen vom letzten Montag im Mai bis zur herbstlichen Blattfärbung im Oktober täglich 11—17.30 Uhr.

GOGEBIC COUNTY

In dieser Region gibt es über 150 Wasserfälle. An einer Vielzahl kommen Sie vorbei, wenn Sie den 15 Meilen langen **Black River Harbor Drive** entlangfahren. Zwischen Bessemer und der Black River Recreation Area am Lake Superior sehen Sie zunächst **Copper Peak Ski Flying Hill,** eine künstliche Skipiste, von deren höchster

Erhebung aus Sie einen Blick auf drei amerikanische Staaten und Kanada haben. Dann geht es ins "Herz der Wasserfälle" hinein, von denen Gorge Falls und Potawatomi am spektakulärsten und am bequemsten zu erreichen sind.

Am Ende der Straße können Sie in der Black River Recreation Area campen oder, wer mehr Wert auf Bequemlichkeit legt, kann eine Hütte beim **Bear Track Inn** ganz in der Nähe mieten. Die kleine Anlage existiert bereits seit 1930. Der Name stammt von einem hungrigen Bären, der während der Bauarbeiten eines Nachts hereinspazierte und seine Fußabdrücke im frischen Zementboden hinterließ.

BEAR TRACK INN

Reservierungen schriftlich an Bear Track Inn, 15325 Black River Road, Ironwood, MI 49939, Tel. 906/932-2144.

DICKINSON COUNTY

Ähnlich wie in den Kupferminen kamen viele Arbeiter in den Eisenminen aus Europa. In der Chapin Mine in Iron Mountain waren es vor allem Italiener, die in der 1847 entdeckten Mine Eisen förderten. Im Menominee Range Historical Museum erfahren Sie mehr über das Leben dieser Leute und Sie sehen die riesige Wasserpumpe die benutzt wurde, um Wasser aus dem Stollen abzupumpen. Falls Ihnen der Sinn eher nach einer kulinarischen Entdeckung steht, gehen Sie einfach italienisch essen. Und zwar in **The Stables,** einem lebhaften Restaurant im Zentrum von Iron Mountains Little Italy, das immerhin aus achtzehn Häuserblocks besteht.

Der Menominee River bildet beinahe die halbe Grenze zwischen Michigans Oberer Halbinsel und Wisconsin. Zwei Meilen südlich von Norway fließt der Fluß durch **Piers Gorge,** einem Canyon mit vielen Stromschnellen. Durch dieses Wildwasser wurden einst die Holzstämme transportiert und um den Fluß zu bändigen, legten die Holzfäller Staudämme, die Piers, an. In den Sommermonaten (samstags und sonntags) werden von **Argosy Rafting Adventures** dreistündige Wildwasserfahrten mit dem Ruderboot angeboten.

THE STABLES

Fourth Avenue (Von der US-2 abbiegen) in Iron Mountain, Tel. 906/774-0890. Montags bis samstags 11—21 Uhr, sonntags 15—21 Uhr.

ARGOSY RAFTING ADVENTURES

In Wisconsin, Tel. 715/251-3886.

REGISTER

Bildnachweis: Anke Hebeler:, S. 29, 49, 54, 72 unten und 157; Archiv Fandango Verlag GmbH: S. 120, 139 und 146; Michigan Travel Bureau: S. 64, 72 oben, 82, 101, 131 und 152.

Ausserdem im Fandango Verlag:

USA - Der Südwesten
Rosanna Hobday
ISBN 3-928301-05-5
178 Seiten, DM 24,80

San Francisco
Susanne L. Born
ISBN 3-928301-12-8
204 Seiten, DM 24,80

Chicago
Susanne L. Born
ISBN 3-928301-10-1
220 Seiten, DM 24,80

Florida
Born/Preusse
ISBN 3-928301-04-7
240 Seiten, DM 24,80

Hawaii
Susanne L. Born
ISBN 3-928301-08-X
160 Seiten, DM 24,80

Wien
Oliver Lehmann

ISBN 3-928301-02-0

212 Seiten, DM 24,80

Südengland
Born/Preusse

ISBN 3-928301-00-4

262 Seiten, DM 24,80 DM

Hongkong
Sheila Wong

ISBN 3-928301-01-2

206 Seiten, DM 24,80

..und der Kurzgeschichtenband für USA-Fans:

Horror aus der Popcorntüte
Susanne L. Born

ISBN 3-928301-09-8

160 Seiten, DM 19,80